Mario Campaña

Antología de poesía argentina de hoy

BRUGUERA

Barcelona · Bogotá · Buenos Aires · Caracas · Madrid · México D.F. ·
Montevideo · Quito · Santiago de Chile

1.ª edición: septiembre 2010

© Del prólogo, selección y notas: Mario Campaña
© De los textos: los autores y herederos
© Ediciones B, S. A., 2010
    para el sello Bruguera
    Consell de Cent 425-427 - 08009 Barcelona (España)
    www.edicionesb.com

Printed in Spain
ISBN: 978-84-02-42067-1
Depósito legal: B. 24.631-2010

Impreso por LIBERDÚPLEX, S.L.U.
Ctra. BV 2249 Km 7,4 Polígono Torrentfondo
08791 - Sant Llorenç d'Hortons (Barcelona)

Mario Campaña

Antología de poesía argentina de hoy

Prólogo

Es improbable que se pueda ir muy lejos en un parangón entre la popularidad de la poesía en Argentina y la de cualquier otro país hispanoamericano. En la patria de Alfonsina Storni y Jorge Luis Borges, la poesía —la literatura— es como el fútbol: se sospecha que al menos la mitad de la población la practica. Y la comparación no es sólo cuantitativa; las guerras que desata la poesía entre sus cultores y la pasión y calidad del ejercicio crítico que la rodean son bien expresivos de una relevancia similar a la que el país ha reconocido al balompié. Como en éste, el paisaje de la poesía está poblado de estrellas y, sobre todo, de numerosos, apasionados grupos que la animan y sostienen. Su historia de las últimas décadas es de una intensidad inédita, aun en un país habituado a los antagonismos.

Esta antología parte del momento en que surge lo que en Argentina se conoce como «la poesía nueva», que en los años cincuenta asumió exitosamente el reto de elaborar propuestas renovadoras en medio del vigoroso *corpus* que habían ido formando tres generaciones anteriores, entonces aún en plena producción, en el marco de las revistas *Sur, Canto* y *A partir de cero*. El lector tendrá una idea de la riqueza y el fervor del medio en que «la poesía nueva» debió vérselas, con unos cuantos nombres y títulos: en esos años Borges publicaba *El otro, el mismo*; Oliverio Girando entregó su mejor libro de poemas, el más radical, *En la masmédula* (1956); Juan L. Ortiz *La mano infinita* (1951), *La brisa profunda* (1954) y *El alma y las colinas* (1956); Raúl González Tuñón *Todos los hombres del mundo son hermanos* (1954) y *A la sombra de los*

barrios amados (1957); Francisco Bernárdez seguía activo y
en 1953 presentó *El arca*. Estaban también Ricardo Molina-
ri, Vicente Barbieri y Alberto Girri, que en 1956 hizo públi-
co su *Examen de nuestra causa* y en 1959 *Propiedades de la
magia*. Y Enrique Molina y Olga Orozco ya emocionaban y
provocaban urticarias con su obra surrealista: el primero con
su fundamental *Costumbres errantes o la redondez de la tie-
rra*, de 1951, y Orozco con *Las muertes*, de 1952. Todo el que
tenga una mínima familiaridad con la poesía argentina sabrá
que se trata de obras importantes en la historia de la poesía de
ese país.

En medio de ese panorama aparecieron los nuevos nom-
bres, la «poesía nueva». El discurso austero, que altera los
sentidos habituales hasta ponerlos del revés, en perspectiva
ontológica, de Roberto Juarroz; el despliegue de una conflic-
tividad apegada a la infancia de Alejandra Pizarnik; la cotidia-
nidad reflexiva y emotiva, de amargos sentidos, de Joaquín
Giannuzzi; la invención perenne y el implacable ejercicio mo-
ral de Leónidas Lamborghini; el excepcional uso de la prosa
con los más hondos atributos de la poesía, de Juan José Saer,
son algunos de los más vigorosos planteamientos de la nueva
poesía. Es la obra de grandes poetas nacidos entre mediados
de los años veinte y mediados de la década del treinta: Joaquín
Giannuzi (1924), Roberto Juarroz (1925), Léonidas Lambor-
ghini (1927), Juan Gelman (1930), Héctor Viel Temperley
(1933), Alejandra Pizarnik (1936), Juana Bignozzi (1937) y
Juan José Saer (1937), sí, pero también otros destacados poe-
tas como Alfredo Veiravé (1928), Raúl Gustavo Aguirre
(1927), Francisco Gandolfo (1921) —de tardía aparición pú-
blica, pues su primer libro, *Mitos*, apareció en 1968— y Ro-
dolfo Godino (1936).

¿En qué consistía aquella «poesía nueva», surgida a me-
diados del siglo XX? Hoy, cincuenta años después, se puede
decir que, sobre todo, fue más un espíritu que una poética o
una doctrina con seguidores: una gran explosión liberadora
de la poesía —de manera pasajera pero de un modo en extre-
mo influyente— que llevó su chispa fulgurante a los cuatro
vientos, en todas las direcciones estéticas, ligándola así al adve-

nimiento de la poesía estrictamente contemporánea en Argentina. Porque fue en los primeros años cincuenta que Leónidas Lamborghini ofreció su poema *El saboteador arrepentido* (1955), fruto de su exploración en el lenguaje cotidiano de las clases pobres y una verdadera referencia de la poesía posterior; Francisco Urondo publicó sus primeros libros y Juan Gelman empezó a entregar su poesía comprometida (*Violín y otras cuestiones*, 1956, y *El juego en que andamos*, 1959), una orientación a la que pronto se iba a adherir Juana Bignozzi. Roberto Juarroz inició su *Poesía Vertical*, que sólo terminaría con la muerte del autor; Hugo Padeletti, desde cierto esteticismo vigilante, propuso *La belleza tal vez* (1959); y Joaquín Giannuzzi, el poeta llamado a ejercer, quizá, la más grande influencia en la poesía argentina de los últimos veinte años, hizo su aparición con *Nuestros días mortales*, de 1958. Ese mismo año se produjo la significativa confluencia de dos generaciones en torno a la revista *Poesía=Poesía*, que agrupó a Roberto Juarroz, Enrique Molina, Alejandra Pizarnik y Aldo Pellegrini.

No se trataba, en absoluto, de poetas incapacitados para ver el presente y lo real sensible, sino el fruto de una actitud de radical libertad, de una cruenta conciencia lingüística, en que lo ultraterrestre y lo subjetivo son sólo otras maneras de representar la experiencia práctica: «Aun si digo *sol y luna y estrella* me refiero a cosas que me suceden», escribió Pizarnik en *Extracción de la piedra de locura*.

La revista *Poesía=Poesía*, dirigida por Juarroz, siguió proyectando su encendida luz en los años sesenta, en que Enrique Molina publicó *Amantes Antípodas* (1961) y *Las bellas furias* (1966), Alejandra Pizarnik *Los trabajos y los días* (1965) y *Extracción de la piedra de locura* (1968), y el mismo Juarroz la *Segunda* (1963), *Tercera* (1965) y *Cuarta* (1969) *Poesía Vertical*. Los cuatro miembros de *Poesía=Poesía*, más Olga Orozco, todos grandes admiradores de Oliverio Girondo, tal vez el promotor de la saga, tuvieron numerosos lectores, pero su legado no es visible, o no lo es de modo destacado, en movimientos estéticos posteriores. En esta antología, sin embargo, es posible reconocer la fecunda huella de este período en individualidades como Luisa Futoranski y Ana Becciu y, más indirectamente, en poetas del neobarroco como Néstor Perlongher y Osvaldo Lamborghini. En realidad, nada de lo publicado en los años cincuenta y sesenta resultó suficiente para revolucionar la poesía, que fue nueva sin romper de veras con la reciente tradición; nada consiguió abrir de manera definitiva el horizonte del lenguaje y la escritura. El hombre que empezaba a hacer ese trabajo, acompañando así, de lejos, a Juarroz y Pizarnik, se llamaba Leónidas Lamborghini, y en esa época aún no llegaba a los treinta años de edad, sólo había publicado el mencionado *Saboteador arrepentido* —una *plaquette*—, y recibía poca o ninguna atención.

Aquella poesía neorromántica de la llamada generación del cuarenta, a la que acabamos de aludir, encontró su más firme contrapeso en otro lugar, en la revista *Poesía Buenos Aires*, dirigida por Raúl Gustavo Aguirre, el culto autor de *La estrella fugaz* y de aquellos singulares *Asteroides* iniciados hacia 1952. Junto a Aguirre estuvieron poetas importantes e influyentes como Edgar Bayley, Francisco Madariaga, Aldo Pellegrini y Mario Trejo, entre otros. Jorge Freidemberg, notable intérprete del proceso poético de su país, asegura que fue *Poesía Buenos Aires* el órgano que propició «la puesta al día de la poesía argentina», a través de la fusión de «las mejores propuestas surrealistas e invencionistas».[1] *Poesía Buenos Aires*, la revista y la editorial del mismo nombre, aportó aire libre a la década 1950-1960 y favoreció la afirmación de principios propicios para la existencia autónoma de la poesía y de un espacio legitimado para nuevas exploraciones.

Los años sesenta trajeron además un cambio radical de registro. Cierto: eran años en que Silvina Ocampo mantenía su magisterio y publicaba *Lo amargo por lo dulce*, que le valió el Premio Nacional de Poesía en 1962, pero César Fernández

---

1. Citado por Jorge Fondebrider en «Treinta años de poesía argentina», en *Tres décadas de poesía argentina, 1976-2006*, Buenos Aires, Libros del Rojas, 2006, pág. 11.

Moreno —que en 1963 publicó *Argentino hasta la muerte*—, Noe Jitrik y Edgar Bayley fundaban ya la revista *Zona de Poesía Americana*. El cambio mencionado vino con Francisco Urondo, Juan Gelman, Juana Bignozzi y otros notables poetas como Alberto Szpunberg, que representan la versión más elaborada de la llamada «poesía social», que entró en auge en aquellos años sesenta y tenía ya antecedentes en los autores del llamado grupo de Boedo y en la influyente obra de Raúl González Tuñón. Mientras tanto, desde una esfera cercana a la de la poesía social, en la ciudad de Rosario aparecía en 1968 la revista *Lacrimar Trifulca*, cuya vida se prolongaría hasta 1976, difundiendo una poesía coloquial, antipoética, narrativa e irónica. De aquel grupo salió el libro *El Sicópata*, de Gandolfo, tal vez el producto más logrado de esa tendencia y época.

Fue un período de gran inestabilidad política y de la primera fase de desarrollo del movimiento guerrillero, especialmente el de orientación trotskista y peronista. Como se sabe, desde 1966 Argentina fue gobernada por militares, con excepción de los breves gobiernos de Héctor Cámpora y Eva Martínez de Perón, en 1973 y 1974, respectivamente. El clima de enfrentamientos era mortal. La Triple A y los Montoneros eran los principales protagonistas. En 1976 una funesta Junta Militar asumió todos los poderes, iniciando «la guerra sucia», aquel período en que, «cuando se era un poco diferente de los demás se estaba en peligro de muerte», como dice Juan José Saer en su novela póstuma *La grande*. Ese tiempo dejó hondas huellas en la sociedad argentina, y también, naturalmente, en su poesía; algunas, explícitas, otras menos evidentes pero no menos ciertas y reconocibles. Aquellas huellas son bien visibles en los gestos literarios y morales enarbolados en los años siguientes, y aún en los actuales, como la intensidad de un movimiento terráqueo se hace evidente por la agitación de los habitantes y por su traumático recuerdo posterior. Una excelente poesía nos habla todavía, y presumiblemente seguirá haciéndolo, de esos años dolorosos, en que los poetas dieron, de modos diversos, dignos ejemplos de humanidad y civilidad:

Yo estuve lavando ropa
mientras mucha gente
desapareció
/.../
y mientras pasaban
sirenas y disparos, ruido seco,
yo estuve lavando ropa,
acunando,
cantaba,
y la persiana a oscuras[2]

Acunar y cantar, proteger la vida en el espacio oscuro: he ahí una tarea de poeta, en palabras de Irene Gruss. Antes, en los años de la dictadura, en 1977, Joaquín Giannuzzi había publicado «Nuestro suicida», uno de los más dramáticos y logrados poemas de entonces, el relato de una muerte posiblemente acontecida frente a la ferocidad de la represión, o en el límite de un enfrentamiento policial:

El hombre que se arrojó del sexto piso
desde lo más alto para que no quedara duda
cayó en la calle. Un fogonazo y tuvo
completa muerte pública.
(...)
       a la altura del pecho
el pánico de un hematoma, como el rastro
de un grito que nadie oyó.
(...)
Adiós, hermano mío, mi semejante:
descansa de tus terrores.
Nuestras obras son ruinas como éstas.
estrelladas contra el pavimento[3]

---

2. Versos del poema «Mientras tanto», del libro *El mundo incompleto* (1987), de Irene Gruss.
3. «Nuestro Suicida» forma parte del libro *Señales de una causa personal* (1977).

Vigente de diversos modos en un presente continuo desde hace al menos veinte años, aquella poesía, gracias a su sinceridad y a su arte, conserva intacta la radicalidad de su crítica, que no es, como se ve, sólo de orden social sino también existencial, moral y ontológica. Aunque parezca extraño, puede decirse que los principios que alimentaron esos testimonios, que hicieron de la poesía de Giannuzzi, Gelman, Bignozzi, entre otros, material de lectura prioritaria para muchos jóvenes, están hoy presentes en toda la poesía argentina, como pasión crítica, expresada de muy diversas maneras, en diferentes claves, de Jorge Boccanera a Fabián Casas, de Léonidas Lamborghini a Martín Gambarotta, de Diana Bellesi e Irene Gruss a Beatriz Vignoli.

La poesía argentina tomó un impulso mayor cuando, a fines de los años setenta, se fundaron en Buenos Aires tres proyectos poéticos de notable envergadura: las revistas y editoriales *Último Reino*, *Xul* y *La Danza del ratón*. El país aún no salía del oprobioso régimen dictatorial, que continuaría hasta 1983, pero la elevada temperatura que parecía reinar entre los poetas hacía improbable la omisión o la elisión en el comportamiento político. Los tres movimientos debatieron abiertamente acerca de las tareas de la palabra y de la poesía en aquel momento. El de mayor fuerza fue *Último Reino*. Culto, abstracto, romántico, simbolizante, menos interesado en la ruptura que en la ampliación de la experiencia poética, el registro de *Último Reino* ha sido considerado, no sin fundamento, «discurso de la crisis», a diferencia de un buscado «discurso de resistencia».[4] La revista, la editorial y sus más de doscientas publicaciones fueron objeto de duros anatemas. Laura Klein y Jorge Santiago Pedernik, por ejemplo, relacionaron su poética, calificada de neorromántica, con la ideología de la dictadura militar. Sin embargo, ningún análisis semántico o ideológico, ningún estudio medianamente convincente, ha sido

---

4. Jorge Fondebrider, lugar citado, pág. 25. En realidad, el «discurso de resistencia» estaba más cerca del ideal de los poetas de *La Danza del ratón* y su defensa del coloquialismo. Entre los de *La Danza* destacaban sus fundadores, Jonio González y Javier Cófreces.

producido para probar semejante afirmación, y aquella acusación no fue más allá de donde suelen llegar las alusiones idiosincráticas.

En los años ochenta empezó a hacerse evidente uno de los más felices fenómenos de la literatura argentina contemporánea: la práctica extensa y superior de la poesía por parte de las mujeres. En Argentina, desde principios de siglo, desde Alfonsina Storni y Norah Lange, las mujeres habían jugado ya un rol preponderante en poesía, como autoras o promotoras, y en las últimas décadas poetas como Amelia Biaggioni, Olga Orozco, Juana Bignozzi, Luisa Futoranski, Perla Rotzait y Alejandra Pizarnik colocaron sus obras entre las de mayor poderío del país, pero en los años ochenta la presencia de las poetas se volvió general, posiblemente porque la modernidad de la sociedad argentina había dado a la mujer la educación y el espacio que necesitaba para su desarrollo literario. Sólo hay que ver la nómina de promotores de grupos, editores de revistas y casas editoriales, por ejemplo, para tener una idea de la profunda implicación de las poetas en el destino de la poesía en su país. En esto, Susana Villalba, Alicia Genovese, María del Carmen Colombo, Mónica Tracey, Irene Gruss, Diana Bellessi y Mirta Rosenberg son algunos de los nombres más destacados.

Se ha dicho acertadamente que uno de los acontecimientos mayores de la poesía argentina contemporánea fue la fundación en Buenos Aires, en 1986, del *Diario de Poesía*. Dirigido por el poeta Daniel Samoilovich y respaldado en sus orígenes por un consejo de dirección de gran calidad, en el que figuraban los poetas Daniel García Helder, que ocupaba el cargo de secretario de redacción, Jorge Aulicino, Daniel Freidemberg y Mirta Rosenberg, el *Diario*, en sus veintitrés años de vida, ha jugado un papel ejemplar, y no sólo en la divulgación sino también en la crítica y en el encauzamiento, concentración, orientación y sistematización del debate nacional, y en el redescubrimiento y recuperación de poetas marginados por los vaivenes de la historia literaria, como en los casos de Juan Manuel Inchauspe (1940) y Ricardo Zelarayán (1940). Zelarayán, orientado preferentemente hacia la novela, escribió un libro lleno de humor e ironía, aportando una saludable actitud antisolemne, ajena a toda trascendencia, al panorama de la poesía argentina, convirtiéndose en uno de los mayores referentes de los poetas más jóvenes. Por otra parte, sencilla, recogida, melancólica y veraz, la obra escrita por Inchauspe, editada por la Universidad del Litoral, es breve y conmovedora, y por sí sola modifica el paisaje de la poesía de los sesenta: desde mediados de esa década el poeta de Santa Fe hurgó en el «desorden de papeles» como algo «que fue nerviosamente buscado en la noche». En la tarea de recuperación de obras y autores, como en tantas otras, ha brillado Daniel García Helder, excelente poeta y agudo crítico, de quien sólo lamentamos que haya dejado pasar demasiados años —dieciséis— desde la publicación de su segundo y hasta ahora último libro de poemas, *El guadal: 1989-1993*, sin ofrecer a los lectores nuevos frutos de su trabajo.

A mediados de los años ochenta irrumpe en la poesía argentina el debate acerca del neobarroco. Inaugurada por el magnífico Osvaldo Lamborghini a fines de los años sesenta, la obra basada en principios neobarrocos se hizo visible, en versión más sofisticada, con la de Arturo Carrera, a mediados de los años setenta, y con la de Néstor Perlongher, emblema del movimiento, cuyo primer libro, *Austria-Hungría*, apareció recién en 1980. En ese gran juego de voces y reclamos que es la poesía argentina contemporánea, la estética neobarroca, en sus representantes clásicos, no produjo grandes obras, pero significó un poderoso llamado de atención a favor de una recuperación de los poderes estéticos de los significantes, aspecto esencial relegado en el quehacer poético de la poesía objetivista y de la de orientación social vigentes en los mismos años, víctimas, según los neobarrocos, de los peligros de simplificación y empobrecimiento del discurso poético a que puede conducir el acomodo pasivo y acrítico en los moldes ordinarios del lenguaje.

El empeño neobarroco, que buscaba explorar en las posibilidades ofrecidas por la reorganización del discurso, tiene en Argentina referencias tan ricas como las del último Girondo, y no ha sido abandonado, y se puede ver aún hoy, en ver-

siones clásicas, y hasta anecdóticas, como manifestaciones de
una perenne preocupación por concentrar, en movimientos
simultáneos, intervenciones sobre el significante y la signifi-
cación:

> Materia gelatinosa
> que se alguna vez partió en dos, y volvió a duplicarse
> (...)
> desde una punta a la otra re de la fucilos pampa,

dice el poeta Daniel Freidemberg,[5] mientras Reynaldo Jimé-
nez acuñaba un verso como éste:

> la rea —en la que no creo— lidad.[6]

Pese a su actitud plural y abierta, el *Diario de Poesía* con-
tribuyó además a la gestación y afianzamiento de la ya men-
cionada poesía «objetivista», caracterizada por su interés en
la recuperación del mundo sensible, descubierto y apropia-
do por un sujeto aislado, un individuo que sufre el fracaso del
proceso de constitución de su individualidad autónoma y au-
tosuficiente y cuya experiencia lo coloca en un deletéreo es-
pacio de crisis, «en la fisura», según la expresión utilizada por
Daniel Freidemberg. Ante el franco retroceso del neorro-
manticismo, el objetivismo, después de disputar arduamente
el espacio público a los neobarrocos en la década del ochen-
ta, dominó el panorama de la poesía argentina en los años no-
venta.

En esa década hizo aparición la poesía que hoy se practi-
ca con mayor asiduidad y fortuna, que ha supuesto una nue-
va y saludable vuelta de tuerca en la historia contemporánea
de la literatura argentina. De la llamada generación del noven-
ta, Martín Prieto y Daniel García Helder dicen que en ella
predomina: «lo insustancial, lo perecedero, la modalidad on-
tológica más actual, los productos alimenticios, las marcas, y

---

5. En el poema «Septiembre (XIV)», de *En la resaca*.
6. En el poema «Sentado a la mesa del porvenir», del libro Sangrado.

las modas efímeras. El tiempo de la poesía argentina de los noventa es el presente, ni el pasado ni, menos aún, el futuro. (...) Guardan escasos puntos de contacto con la lírica en particular y con lo poético en general, aparte de ciertos remanente históricos».[7] Aunque los nombres de Carver y Bukowski suenan a menudo cuando se habla de estos poetas, lo mejor de ellos está lejos del discurso monocorde de aquellos pequeños maestros de la poesía norteamericana. La tradición reciente argentina es demasiado rica para que los jóvenes puedan renunciar a ella: es más vigorosa, y más auténtica, la presencia de Leónidas Lamborghini, Ricardo Zelayarán, Juan José Saer o Diana Bellesi, por ejemplo, en una estética como la de los noventa —si acaso cabe hablar de una sola estética en la notable pluralidad de voces de esta generación— que no paga excesivos tributos a nadie, y en la que, en realidad, no se percibe subordinación a generación alguna. Nombres como Beatriz Vignoli y su libro *Viernes*; Damián Ríos y *La pasión del novelista*; Daniel Durand y *El estado y él se amaron*; Alejandro Rubio y su *Novela elegíaca en cuatro tomos. Tomo uno*; Martín Gambarotta y su *Punctum*; Santiago Vega (Washington Cucurto) y *La máquina de hacer paraguayitos*, por ejemplo, son, por su audacia, por su contundencia, por su paradójica ruptura, asimilación y enriquecimiento de su propia tradición, pruebas fehacientes de que la poesía argentina, también en sus jóvenes cultores, mantiene, renovada, revigorizada, su insobornable pasión crítica, la indeclinable búsqueda de independencia y plenitud que le ha dado el elevado lugar que ocupa en el espacio de la lengua castellana.

Finalmente, entre las numerosas e inevitables omisiones de este libro, que el antólogo lamenta, quisiera destacar las de Juan Gelman y Juan José Saer, enteramente atribuibles a problemas relacionados con los derechos de autor. Si bien consuela pensar que la obra del primero es ampliamente conocida por los lectores de poesía de lengua castellana, en particular desde la

7. Martín Prieto y Daniel García Helder, «Boceto nº 2 para un... de la poesía argentina actual», 1997, en *Tres décadas de poesía argentina 1976-2006*, Buenos Aires, Libros del Rojas, 2006.

concesión del Premio Cervantes 2007, en cambio, no tiene paliativo la ausencia de Saer, que ocupa ya un lugar de honor en la narrativa castellana y en el ensayo literario contemporáneos, pero apenas si es leído como lo que también es, y de modo eminente: un poeta mayor, alguien que tiene mucho que decir a sus congéneres y sabe decirlo de un modo perdurable.

Mario Campaña,
Barcelona, abril de 2010

Joaquín Giannuzzi

Nació en Buenos Aires en 1924 y murió en la misma ciudad el 26 de enero de 2004, antes de cumplir los 80 años de edad. Fue periodista y crítico literario. Su obra recibió numerosos premios nacionales. Es la principal referencia de la poesía argentina de las últimas décadas. Libros de poesía:

Nuestros días mortales, Buenos Aires, Ediciones Sur, 1958.
Contemporáneo del mundo, Buenos Aires, Americalee, 1962.
Las condiciones de la época, Buenos Aires, Editorial Sudestada, 1967.
Señales de una causa personal, Buenos Aires, Cuarto Poder, 1977.
Principios de incertidumbre, Buenos Aires, Oscar B. Himschoot, 1980.
Violín obligado, Buenos Aires, Tierra Firme, 1984.
Teólogo de la ventana y otros poemas, Centro Editor de América Latina, 1988.
Cabeza final, Buenos Aires, Ediciones del Dock, 1991.
Apuesta en lo oscuro, Buenos Aires, Emecé Editores, 2000.
¿Hay alguien ahí?, Buenos Aires, Ediciones del Dock, 2005.
Un arte callado, Buenos Aires, Ediciones del Dock, 2008.

TEORÍA DE LA HISTORIA

Cuando sospeches que la historia no es la incoherencia
                                    [horrible
que partió hace milenios de una supuesta calamidad primaria,
ese fragor desordenado de generaciones, lágrimas y
                                    [hemorragias
bajo la presidencia de la muerte,
pensarás que todo eso no puede ser
la única respuesta al conocimiento.
Ya habrás leído muchos libros;
tu sabiduría no habrá terminado en las imágenes reales
o en las que pudiste inventar casualmente;
ninguna luz habrás conseguido traer desde el territorio
                                    [transcurrido.

El viejo poeta se durmió en la puerta de su casa con la pipa
                                    [en la boca
mientras pasaba el tumulto por la calle
y su sueño no significaba conclusión alguna.
Tu sospecha de que la verdad no se agota en la historia
con el rostro del martirio solamente:
ni con la tramposa dialéctica de la culpa,
será el comienzo de algo más claro y más despierto.
Pensarás que todo lo ocurrido a tus espaldas
fue un despilfarro insensato de edades
desmoronadas y enterradas sin alegría,
con algunos destellos que sirvieron para revelar
la profundidad de la sombra,
así como un hombre engendra sus hijos

para compartir con ellos el estupor de haberlos engendrado.
Hasta entonces habrás caminado el sendero barrido por el
[viento;
la belleza de unas palabras, de una música apenas escuchada
en el jardín, al atardecer,
aunque opongan un dramático sentido a la estafa del mundo
no bastarán: a las estrellas van destinadas.
Apenas habrás contado con la razón, lo más cercano a la muerte.
Pero si colocas la razón a la altura de los ojos
la verdad habrá comenzado y verás la injusticia
instalada como la noche en cada época y en cada jornada.
No la injusticia de nacer y morir,
sino la del martirio que se requiere para alcanzar la tumba;
tú, cuya única sentencia es escupir en esta civilización de
[hospital
que no se resigna a morir sin que estallen las bombas en su
[propio intestino.

(de *Las condiciones de la época*)

PAISAJE URBANO

Con mis piernas surcadas
por una especie de fracaso placentero
y una perspectiva de huesos lentos,
desde la ventana del bar contemplo esta furiosa esquina
donde los átomos se han enloquecido
y se cruzan interminables ríos de motores.
He aquí el mundo
componiendo una música tan excesivamente humana
que un accidente no modificaría la situación.
Yo bebo una cerveza y me pregunto
si valía la pena, si necesitábamos este tumulto,
si este vértigo de la materia triturada es digno de nuestra fe.
Me pregunto también

si está incubando un orden distinto, una
desconocida naturaleza,
donde puedan instalarse los jardines
que giran prisioneros por mi cerebro irritado.

(de *Señales de una causa personal*)

POR ALGUNA RAZÓN

Compré café, cigarrillos, fósforos.
Fumé, bebí
y fiel a mi retórica particular
puse los pies sobre la mesa.
Cincuenta años y una certeza de condenado.
Como casi todo el mundo fracasé sin hacer ruido;
bostezando al caer la noche murmuré mis decepciones,
escupí sobre mi sombra antes de ir a la cama.
Esta fue toda la respuesta que pude ofrecer a un mundo
que reclamaba de mí un estilo que posiblemente
no me correspondía.
O puede ser que se trate de otra cosa. Quizás
hubo un proyecto distinto para mí
en alguna probable lotería
y mi número se perdió.
Quizá nadie resuelva un destino estrictamente privado.
Quizá la marea histórica lo resuelva por uno y por todos.
Me queda esto.
Una porción de vida que me cansó de antemano,
un poema paralizado en mitad de camino
hacia una conclusión desconocida;
un resto de café en la taza
que por alguna razón
nunca me atreví a apurar hasta el fondo.

(de *Señales de una causa personal*)

NUESTRO SUICIDA

El hombre que se arrojó del sexto piso
desde lo más alto para que no quedara duda
cayó en la calle. Un fogonazo y tuvo
completa muerte pública.
Un desconocido entre millones
que de pronto conocimos terminado.
Con papeles de diario lo cubrimos
y cuando se lo llevaron
en sus manos había manchas lívidas
y a la altura del pecho
el pánico de un hematoma, como el rastro
de un grito que nadie oyó.
Adiós, hermano mío, mi semejante:
descansa de tus terrores.
Nuestras obras son ruinas como éstas
estrelladas contra el pavimento. Entre todos
enloquecimos las fibras azules de tu cerebro
y haciendo bromas te arrojamos por el balcón
para seguir matando con esta piedad terrible.

(de *Señales de una causa personal*)

PERDIDA GRACIA

Rincones hostiles en mi enrarecida
habitación de neurótico, mi cuarto menguante,
donde antes me regocijaba, a la luz de un joven invierno,
la promesa de una gracia que se extravió
confusamente, en algún recodo de nuestro tiempo.
¿Dónde sucedía, realmente, la voluntad de Dios?
Trabajos, calles, multitudes, gritos,
conversaciones y silogismos en la noche:
la época incubaba un rostro despejado,

una poesía necesaria
fluyendo en las arterias de todo el mundo,
un nuevo estilo
para oponer a la ceremonia mortuoria
de las relaciones humanas.
Y no esta mancha de sangre
que me descubro en la mejilla, ni la disolución
de este disparo de revólver a mi puerta.

(de *Principios de incertidumbre*)

MUCHACHA EN EL BALCÓN

Combustión en la altura, muchacha de la época,
pulido y fresco felino brotado
de sucesivos barros dolorosos,
vean cómo desplaza su liviana carne solar
ondulante de música en el balcón abierto.
Ahora que inclinada hacia el cielo
se dispone a volar
vacila ante un llamado quejumbroso, soplado
desde una sanguínea pulsación.
Entonces está allí, oscilando
entre el anhelo de perderse en lo azul
y el de permanecer, seguir perfeccionando
las terrestres formas venideras.

(de *Principios de incertidumbre*)

TIROTEO EN LA NOCHE

Una caliente contracción en el indefenso espacio
y los fogonazos en la oscuridad
nos arrojan a una épica impura.

Cada cosa es un blanco paralizado
bajo el ojo instantáneo del cazador. No es ésta
nuestra última cena, pero en las habitaciones
la época introduce más muertos
de los que merecemos. En el silencio que sigue
no hay ninguna explicación
sino una brusca asfixia en medio de la comida.
La mesa familiar es ahora
un centro fracturado. Nadie quiere la historia
en su plato de sopa, el síncope
detrás de la puerta. Pero el terror
nos acerca un combate donde arder a fondo:
ningún crimen es una verdad aislada.
la noche nos incluye y hay todavía un último disparo
distanciado e irónico: allá afuera
alguien se ha tomado su tiempo
para liberar nuestro juicio atascado.
Lo que ha sucedido busca equilibrio
en el cerebro. Un escalofrío en la vajilla
le pertenece y su bala final
ha definido la situación: un sitio para nosotros
en la ardiente comunidad de la cacería.

(de *Cabeza final*)

CULTIVOS

Arrojé hacia la tierra del jardín
un hueso de durazno: que los elementos
te sean propicios, y que la naturaleza
no pierda su oportunidad. Espero
que el todo sea fiel a sus certezas
y cada cosa produzca su joven árbol.
Y aquí estoy cultivando lo que sucede
con mi propia fe. Pero necesito
conjunciones favorables, agua y temperatura
para encuentros decisivos
y convicciones que maduran
una fermentación feliz. Cuerpo y palabra
para el brote dorado en la rama desnuda.

(de *Apuestas en lo oscuro*)

EL CARNICERO

Ni Rafael modelando con azul
el manto de la Virgen
fue tan feliz como el carnicero de mi calle
cuando esculpe a cuchillo cada fragmento de carne.

Porque adora su oficio, el cuchillo
es un arma de precisión y conocimiento.
Su problema artístico es la repetición
pero tiene derecho
a una noción personal de la belleza.
Su ropaje blanco exhibe sin ostentación
la sangre del sacrificio de un ganado infinito.
Sólo le falta creer
en la gloria y resurrección de los cuerpos
sean de vaca, perro o de señoras y señores.

(de *¿Hay alguien ahí?*)

A LA SOMBRA DE UNA MUCHACHA
EN SOMBRAS

A orillitas del camino, entre dos ceibos
el homenaje de un altar pequeño
tan delicado que parece ausente,
hueco entre cinco piedras
de fresca sombra húmeda,
flores del campo en latas de conserva
y corona de alambre y papel rosado
y cruz negra
y un nombre y una fecha ilegible.
Aquí yace Bonifacia Correa,
muerta a los 15 años
en manos de su dolor social
y en la plenitud de su carne atónita.
Que Dios y los serafines
le proporcionen al menos alimento
y no sólo maíz hervido.
La pobre Bonifacia,
hija de gente oscurecida por cegadas proteínas
que ahora abona los ceibos
y es perdurable nutrición
de las imposibles tierras celestiales.

(de *Un arte callado*)

ALMORZANDO NARANJAS

Almorzando naranjas bajo el sol
a mis pies escupía las semillas;
llegaron las moscas, las hormigas
y otros insectos menos conocidos;
después llegó el perro, llegó el gato
y otros carniceros.

Me rodearon y esperaron
con lógica justicia
que les arrojara mis entrañas.
Está bien:
que nadie se quede sin comer.
Que nos mezclemos todos
para cumplir las escrituras de esta tierra,
hasta engendrar una sola flor
y desaparecer en una pasta humosa,
donde antes reinaban el fraude
y crujir impolítico de dientes
a causa de alimentos mal cocidos.

(de *Un arte callado*)

Roberto Juarroz

Nació en 1925 en Coronel Borrego. Estudió Bibliotecología y Ciencias de la Información en la Universidad de Buenos Aires. Ejerció la bibliotecología y, becado en ese campo, estudió en París, en la Sorbonne, entre 1961 y 1962. Fue vicepresidente de la Asociación Latinoamericana de Escuelas de Bibliotecología y especialista en terminología de la documentación. Fue miembro de número de la Academia Argentina de Letras. Murió en Temperley, Argentina, en marzo de 1995.

Libros de poesía:
Poesía vertical, Buenos Aires, Emecé Editores, 1958.
Segunda poesía vertical, Buenos Aires, Ediciones Equis, 1963.
Tercera poesía vertical, Buenos Aires, Ediciones Equis, 1965.
Cuarta poesía vertical, Buenos Aires, Ediciones Equis,1969.
Quinta poesía vertical, Buenos Aires, Ediciones Equis,1974.
Poesía vertical, Caracas, Monte Ávila, 1976 (contiene las cinco entregas ya editadas de *Poesía vertical*, más la *Sexta poesía vertical*).
Séptima poesía vertical, Caracas, Venezuela, Monte Ávila Editores, 1982.
Octava poesía vertical, Buenos Aires, Ediciones C. Lohle, 1984.
Novena poesía vertical; *Décima poesía vertical*, Buenos Aires, Ediciones C. Lohle, 1987.
Undécima poesía vertical, Valencia, Pre-Textos, 1988.
Duodécima poesía vertical, Buenos Aires, Ediciones C. Lohle, 1991.

Decimotercera poesía vertical, Valencia, Pre-Textos, 1993.
Decimocuarta poesía vertical, Buenos Aires, Emecé Editores, 1997.
Fragmentos verticales y 26 poemas inéditos, en Poesía vertical I y II, Buenos Aires, Emecé Editores, 2005.

15

Posiblemente la claridad esté en la espalda
y gire conmigo
cuando me doy vuelta con rapidez por sorprenderla.
Posiblemente esta apariencia de juego
constituya la más grave condición fisiológica
y la claridad sea una parte mía,
la de atrás.
Posiblemente no haya habido error sino pureza:
la claridad, sin manos;
los ojos porque sí, junto a otros ojos.
Posiblemente todo tienda a abrir algo,
a ponernos las manos o los ojos
en la única claridad tangible,
en la espalda del otro,
enseñándonos a darnos vuelta en el otro.
Posiblemente la claridad sea un órgano
para multiplicar lo oscuro a través nuestro,
lo oscuro debilitado
por quién sabe qué asunto sin nosotros.

(de *Segunda poesía vertical*)

28

No es posible vivir una sola vida.
Un sonido inunda el día con el silencio que lo sostiene.
La furiosa lucidez de cada órgano
presiente otra maciza lucidez que lo enlaza con todos
y hasta quizá tropieza en ella.
La ventana de tus manos
demora el paisaje más antiguo del mundo
para que por él pueda fluir
la más futura de mis andanzas.
Mi lado izquierdo invoca a mi lado derecho
y el puente entre los dos lleva a otro puente.
En el cabo más suelto
hallé el fantasma más atado
y en la boca mayor no hallé palabras.

Las vidas. Sólo hay vidas.
Sin embargo,
cada uno está hecho
para vivir nada más que una sola.

(de *Segunda poesía vertical*)

69

Cada uno se va como puede,
unos con el pecho entreabierto,
otros con una sola mano,
unos con la cédula de identidad en el bolsillo,
otros en el alma,
unos con la luna atornillada en la sangre
y otros sin sangre, ni luna, ni recuerdos.

Cada uno se va aunque no pueda,

unos con el amor entre dientes,
otros cambiándose la piel,
unos con la vida y la muerte,
otros con la muerte y la vida,
unos con la mano en su hombro
y otros en el hombro de otro.

Cada uno se va porque se va,
unos con alguien trasnochado entre las cejas,
otros sin haberse cruzado con nadie,
unos por la puerta que da o parece dar sobre el camino,
otros por una puerta dibujada en la pared o tal vez en el aire,
unos sin haber empezado a vivir
y otros sin haber empezado a vivir.

Pero todos se van con los pies atados,
unos por el camino que hicieron,
otros por el que no hicieron
y todos por el que nunca harán.

(de *Segunda poesía vertical*)

78

No es el hundimiento de una altura lo que importa,
sino el hundimiento de un fondo.
Una altura, o su resto,
puede emigrar y volver a plantarse en cualquier sitio,
pero adónde irá un fondo
y el pendón negro de su ala.

Situación final
de una textura que no admite disyuntivas,
el fondo ignora el paralelogramo progresivo
de los demás estratos.

Una altura es su imitación hacia arriba,
pero nunca es final.

Lo que importa
es el derrumbamiento del final.

(de *Segunda poesía vertical*)

34

Alguna vez juego a alcanzarme.
Corro con el que fui
y con el que seré
la carrera del que soy.

Y alguna vez juego a pasarme.
Corro entonces quizá
la carrera del que no soy.

Pero hay todavía otra carrera
en la que jugaré a hacerme pasar.
Y ésa será la carrera verdadera.

(de *Tercera poesía vertical*)

3

Una vida paralela a la otra,
jugando de nuevo las partidas perdidas,
reviviendo a la inversa cada alternativa,
sosteniendo con los pies lo que antes sostuvimos con las
[manos,

reconociendo en las treguas del agua
la solidez que no supimos encontrar.

Una vida paralela a lo que no fue,
al ciervo que no encontró su bosque,
al itinerario descartado de un verano,
a las manos de una mujer interrumpida,
al señuelo de morir en la alta noche
en que todo parecía una torre de reconocimientos.

Una vida paralela al retroceso real o hipotético de la vida,
para explicarnos la caída que nunca llegó al suelo,
para tocar el punto hacia el cual regresan los abrazos,
para acostumbrarnos a la espalda de las palabras,
para aprender a abrir los ojos sin mirar,
para ubicar el signo del que se cuelgan las llaves
que no entran en ninguna cerradura.

Una vida paralela a la copia de la vida,
al hecho radicalmente autónomo de lo que no vive,
a la imprudente enredadera de los pensamientos interrumpidos,
a la congestión desconcertada de las ventanas de la tierra,
al hecho público y lamentable de tener que vivir,
junto al largo cansancio de tener que morir.

O ya que no existe nada que no sea paralelo de algo,
una vida simple y sencillamente paralela,
aunque no sepamos de qué.

(de *Quinta poesía vertical*)

81

Regreso de mis restos,
de todo lo caído en el camino,
como un caracol de su rastro viscoso.

Regreso de lo que he abandonado
y de aquello que me ha abandonado,
porque ambas cosas son mis restos.

Y hasta regreso de mí,
que no me he abandonado
y sin embargo también yo soy resto.

Mi memoria me señala una pista
y mi olvido me dibuja otra,
hilos precarios del retorno.

Y atrás, más atrás de todo trazo,
más atrás aún de lo invisible,
mis restos se encuentran con los restos
de todo lo que nunca existió.

Tal vez allí me aguarde otro regreso:
un regreso de algo más que unos restos.

(de *Decimotercera poesía vertical*)

19

Fatigados de esperar lo previsto,
un deseo, el otoño, la muerte,
pasamos a aguardar lo imprevisto.

Y así como nunca importó demasiado

que lo previsto llegara o no llegara,
ahora tampoco importa demasiado
que lo imprevisto venga o no venga.

Mucho más que el objeto
o la ansiedad de nuestra espera,
lo que importa es el cambio
de nuestro sentido de esperar,
ese cambio que llevará poco a poco a otra espera,
más allá de lo previsto y lo imprevisto,
la espera desinteresada de toda forma de espera.

(de *Decimocuarta poesía vertical*)

51

No hay salto al vacío.

Aunque no existan ángeles para sostenernos,
ni tampoco travesaños de pensamiento,
ni relativizaciones o absolutos
que puedan retenernos de los brazos.

Hay que ganar el vacío desde antes,
colonizarlo con nuestros abandonos
como si fuera un despojado territorio
o una nueva libertad nunca ejercida.
Y cultivar adentro sus fragmentos flotantes,
que se entreveran con las cosas
para enseñarles a no ser.
Y casi sin saberlo,
llegar a amar el vacío.
Aquello que se ama nos sostiene,
aunque también nos empuje hacia el abismo.

Un vacío que se ama
no puede abandonarnos.
Y a un vacío que no se lo ama
no es posible ni siquiera saltar.

(de *Decimocuarta poesía vertical*)

82

No hay regreso.

Pero siempre queda un viaje de vuelta
hacia ciertas cosas anteriores,
que ya son otras
y sin embargo nos llaman
con un signo
similar al de antes.

Nada cambia del todo.
Lo que no cambia
en aquello que cambia
saluda nuestro viaje hacia atrás,
celebra lo que no cambia en nosotros,
su abismal permanencia en el fondo,
su intemporal fidelidad.

Hay pétalos que no abandonan a la flor.
Ni cuando se marchita.

(de *Decimocuarta poesía vertical*)

Leónidas Lamborghini

Nació en Buenos Aires en 1927. Huyendo de la represión de la dictadura, se exilió en México con su familia entre 1977 y 1990, año en el que regresó a Argentina. Escribió las novelas *Un amor como pocos*, *La experiencia de la vida* y *Trento*, así como la obra de teatro *Perón en Caracas*. El conjunto de su obra recibió el Premio Leopoldo Marechal, en 1991; su poesía recibió el Premio Konex 2004, correspondiente al quinquenio 1999-2003. Sus libros de poesía son:

El saboteador arrepentido, Buenos Aires, Editorial El Peligro amarillo, 1955.
Al público, Buenos Aires, Newbooks Editions, 1957.
Las patas en la fuente, Buenos Aires, Editorial Perspectiva, 1965.
La estatua de la libertad, Buenos Aires, Alba, 1968.
Coplas del Che, Buenos Aires, A.R.P. Editores, 1968.
La canción de Buenos Aires, Buenos Aires, Ediciones Ciudad, 1968.
El solicitante descolocado, Buenos Aires, Ediciones de La Flor, 1971.
Partitas, Buenos Aires, Corregidor, 1972.
El riseñor, Buenos Aires, Marano-Barramedi, 1975.
Episodios, Buenos Aires, Tierra Baldía, 1980.
Circus, Buenos Aires, Libros de Tierra Firme, 1986.
Verme y 11 reescrituras sobre Discépolo, Buenos Aires, Sudamericana, 1988.
Odiseo confinado, Buenos Aires, Adriana Hidalgo Editora, 1992.

Tragedias y parodias, Buenos Aires, Libros de Tierra Firme, 1994.

Comedieta, Buenos Aires, Estanislao, 1995.

Las reescrituras, Buenos Aires, Ediciones del Dock, 1996.

El jardín de los poetas, Buenos Aires, Adriana Hidalgo, 1999.

Personaje en penthouse, Buenos Aires, Ediciones del Dock, 2000.

Carroña última forma, Buenos Aires, Adriana Hidalgo Editora, 2001.

Mirad hacia Dommsaar, Buenos Aires, Paradiso Ediciones, 2003.

La risa canalla (o la moral del bufón), Buenos Aires, Paradiso Ediciones, 2004.

Encontrados en la basura, Buenos Aires, Paradiso Ediciones, 2006.

El jugador, el juego, Buenos Aires, Adriana Hidalgo Editora, 2007.

EL SOLICITANTE DESCOLOCADO (fragmentos)

Ahora
Veo a dos tarados
Con cabeza
De pescado
Haciéndose el amor
Maravilloso
el amor que aún mueve
a los tarados

pero lo más extraordinario es
que la verdad ES:
puede salir
de la boca de un idiota
[...]
Es inútil
jamás podremos
escapar
de nosotros mismos
y la frustración
da sus frutos
y el amor
su odio
y la tradición tiene
su minuto
floreciente
y el más allá
es el aún
más acá

después
el sol siguió
golpeando
y golpeando

Pero lo verdaderamente
extraordinario
comprobé
me dictó otra vez
la cabeza del juglar ES
que la verdad
puede salir de la boca
de un idiota

[...]

Al paso
al paso

cuando algo
desde lo más profundo
empezó a chirriar
en mí
con los quejidos
del viejo puente
del Riachuelo

nunca has oído
ese chirriar
me dictó
la cabeza

cuando el viejo
puente
se levanta
y también
cuando desciende
cae

condenado a subir
y bajar
todos los días
desde hace remotos años
anclado
sobre la
pestilencia

nunca has oído
ese chirriar
en medio de todos
los vehículos
de pronto detenidos
silenciados

ese lugar
cuando los latigazos
del sol
a la hora que son
menos crueles
la cabeza en el crepúsculo
es bueno

para meditar
y es el crepúsculo
de la jornada
cuando yo escucho
ese chirriar
tratando de esquivar
los latigazos

la herrumbre
de algo
que llevo
en lo profundo

que se levanta y
cae

chirriando
rechinando
sobre
el nauseabundo
olor
del agua
de mi vida

condenado a hacerlo
como el viejo
puente
todos los días.

(de *El solicitante descolocado*)

EN EL ESTADIO ABANDONADO

Y en la hora crepuscular,
la hora que al mundo
y las cosas del mundo
transfigura,
visité el viejo Estadio
ruinoso, abandonado.

Reposando, se hubiese dicho,
en esa luz estaba
y por esa mágica luz
nimbado.

Como un santo en oración
o el esqueleto de un enorme saurio
asomando, todavía,
desde la orilla de otra edad.

¡Oh fantasmal!

Así, pensé, nosotros somos,
del tiempo destructor,
—roídos por él más lenta o velozmente—
sus impotentes víctimas.
Solo vestigios somos,
testimonios,
de su impiadosa
Potestad.

¡Oh Cronos!, que das y quitas tiempo.
¡Oh torturador verdugo!,
¿y eres tú el único, el verdadero Dios?

Como a turgentes uvas
en tus fauces,
la pulpa vas vaciándonos
y escupes, después, el arrugado hollejo
al polvo destinado.

¿Y qué, entonces?

¿No es todo lo demás
puro embeleco?

Corola de hierro
y de cemento
marchitados,
el viejo Estadio
sereno transcurría.

Como si esa degradación
dignamente aceptada
fuera el secreto
de su estar apacible.

En paz consigo mismo
y con el mundo;
resignado, esperando
su fin.

Alfombra de yerbajos
era su campo;
potrero desolado,
lo que un tiempo,
mar de cuidada yerba
había sido.

Y rodeando ese erial,
carcomidas gradas,
como enfermas encías,
de cariada boca
se mostraban.

¡Oh Metáforas, Metáforas!

¡Vosotras que al mundo
y a las cosas
del mundo también
transfiguráis!,
¿sois también crepusculares?

¡Vosotras, como esta luz
crepuscular
en la que el fin
y el principio del día
se funden y confunden!

¡Vosotras, principio
y fin de la Poesía!
¡Vosotras, magas, hechiceras
que danzáis día y noche
en torno
al hirviente caldero!

¡Vosotras,
que mis pensamientos
ya huecos, sin sustancia;

que el impetuoso
sentir
de mi cobarde corazón;

que el siempre
pretencioso
pero siempre, también,
rastrero vuelo
de mi espíritu;

que mi talento
imbécil;

que la mortal
demencia
que da vida, sin embargo,
a mis nervios;

que todo ello
maceráis y maceráis
sin descanso, revolviendo
en la bullente
olla!
¡A vosotras me encomiendo!

¡A vosotras,
que no cejáis jamás
en el empeño de encontrar
alguna escondida relación
recóndita,
entre los más dispares términos!

¡A vosotras, cuyas mentiras
capaces son de revelarnos
las verdades más ocultas, el secreto
del mundo, el quid del Universo!

¡A vosotras,
que nos hacéis

visible
lo invisible!

¡A vosotras, que me inspiréis
os ruego,
antes de la partida,
una metáfora que exprese
el fracaso que soy!

¡Tan lograda metáfora
de mi fracaso
que deje yo esta vida
feliz de haberlo sido!

Sereno como un santo
en oración,
el viejo Estadio
descansaba.
Antaño, magnífico
redil de multitudes;
hogaño,
sólo recinto de ecos,
tan inmenso como el mío
su vacío sentí.

Vacío de un profundo hoyo; pozo
en cuyo fondo, seguro ya
de su final
inutilidad, uno es presa
de ese vértigo al que, sin más,
se entrega.

Y, no obstante,
¡Oh Vejez!
¡Oh Estigma!,
¿cómo resignarse?

¿Y cómo los humanos
tanta abyección y horror

soportar pueden
cuando, de pronto, el Término
ya nítido aparece?

¿De qué está hecho,
en verdad, el hombre?
¿Cómo sabernos mortales
y mantenernos hasta el fin
en la calma, en la cordura?

Tranquilo, paseaba una mañana
por el bosque
cuando sorprendime
diciéndome: —*Ya tienes edad para morir.*
No tienes tiempo ya.

Y cayó sobre mí,
como un rayo, esa certeza. Y creí
que allí mismo enloquecido
moriría: fue como si un abismo,
de pronto, a mis pies,
se hubiera abierto.

Y me vi bajo tierra, sepultado,
comido por gusanos, pero vivo
al mismo tiempo, al borde
de esa tumba imaginaria,
por cuya cercanía una joven pasó
enfundada en sus jeans, moviendo
su trasero —carnoso, palpitante—.

Mas ni esa rotunda, fresca, estimulante
imagen de la Vida, de aquella
funesta, espantosa idea
pudo apartarme.

Antes bien, Vida y Muerte
sentí en mí anudarse,

hacerse un lazo en torno
de mi cuello, ahogándome,
asfixiándome.

¡Oh Thanatos! ¡Oh Eros!,
y grité con desesperación,
horrorizado: ¡Oh Parcas, aún no,
aún no todavía!

No sé quién habla ahora,
si el viejo Estadio o yo;
si es a él
o a mí mismo
a quien escucho:

—*Aquí, en tropel venía*
la sonámbula gente; aquí
los impúdicos, cínicos, impunes gobernantes,
jefes de estado; los hipócritas políticos;
los sucios mercaderes del juego venían.

—Aquí, los contendientes, a disputarse aviesos
y violentos
—bajo la máscara de los más nobles
sentimientos—
el esférico objeto.

(Objeto que, al penetrar
alguna de ambas vallas,
un colectivo sucedáneo orgasmo
producían.)

—Aquí, la befa
y las injurias; el árbitro comprado;
Aquí, el escarnio
al contrario vencido.
—Aquí, no el excelso
juego

de Joseph Knetch, Magíster,
sino la incoherente barbarie
de un ajedrez humano
roto,
quebrado a puntapiés.

....
....

Fue un momento nomás.
Por las gradas ascendían y descendían
y ascendían otra vez y de nuevo
descendían hacia el campo de juego,
muchedumbre de voces fantasmales que poblaron
el Estadio vacío;
y en su trayecto, en su repetido vaivén,
estallaban
en ovaciones de descompuesto júbilo
que entremezclábanse en mi mente,
como en una pesadilla,
con los ayes, con los alaridos,
de una gran matanza.
Fue un momento nomás. Caía la noche. Fui entonces
retirándome.

(de Odiseo confinado)

6

(Cupido)

—¿Mi Cupido?
Mi cupido
es ese niño
sucio y harapiento

que pide una moneda
y escupe
la mano que se la da:
así, su miseria
me flecha.

(de *Personaje en penthouse*)

COMIQUEOS I (fragmento)

Del balón de hierro:
—¿Quién nos dijo que debíamos jugar?
«Hay que ganar», sólo esto nos dijeron:
entonces, la derrota nos ganó.

Locos, once locos en el campo,
corríamos sin tino malgastando
la divina energía, nuestro aliento.

¿Quién nos dijo que debíamos jugar?
Salimos a ganar, despavoridos;
la mente obnubilada, demenciales.

¡Oh!, yo era el guardián de los tres palos,
veía a los míos, a mi figura,
desfigurada como la de ellos.

Desfigurada, sí, desfiguradas,
el miedo a no ganar nos perdía tanto
que ninguna jugada encontrábamos,

en la que encontrarnos y encontrar,
el rumbo hacia los palos de los otros;
y, mientras tanto, los otros lo encontraban.

Así, desencontrados, les jugábamos
a su favor: tal fue la paradoja,
tal fue nuestro error, nuestra zoncera.

¿Pues qué hay que pudiera ser más zonzo
que un jugador que no entiende el juego?:
fue nuestro caso y el del torpe técnico.

Por Néstor, un gritón vociferante
tuvimos; parodia de aquel prudente
viejo, el orador sonoro de los pilios.

(Ese anciano admirable aconsejaba
a sus nobles guerreros que ninguno
se dejara llevar por el ardor

excesivo; por esa pasión ciega,
ridícula, que al desastre conduce:
de la honrosa derrota a la catástrofe.)

Allí estaba gritándonos sus órdenes,
que, enseguida, en contraórdenes cambiaba;
no sabíamos qué hacer más que mirarlo

estupefactos; y el enemigo veloz
se aprovechaba una, otra vez,
quebrando nuestras filas, arrollándonos.

En torno nuestro aullaba el desconsuelo
de un pueblo iluso, enardecido, opiado,
que salía de su sueño al vil escarnio:

ahora el balón era de hierro.

(de *La risa canalla*)

LEWIS CARROLL

—Ver el horror,
verlo en lo cómico
y ver lo cómico
en el horror:
ése es el juego.

Lo que no es loco
no es verdad

Cayendo a tientas
por el pozo
o atravesando el blando espejo.

Lo que no es loco
no es verdad

Llama la risa
a lo siniestro.
Llama el sentido
al sinsentido,
llama el pensar
al desvariar.

Lo que no es loco
no es verdad:
ése es el rumbo.

(de *Encontrados en la basura*)

```
-Co            mis            ri             das
  mo             mo             sa             el
el             es             de             rit
  que          él         lo                mo
va             mis              que          que
hab            mo      soñ               es
  lan          y                as           la
  do           su               te           luz: -
so             otr            ser.           as
  lo             o            .........        í
por            él            .........      que
  la           mis           .........      si
ca             mo.           -su            lo
  lle         -co              sú             pier
trat          mo               rr           des
  ando        é se             a            -¡per
de            co               me:            can
en ten          mo             susú           tón!-
der           é se: -     rr               se
  se.           la          a                rá
-co            ciu          me:           tu
  mo           dad          -ca             no
el               es           ra           che
  que           su            y            tris
des            hos       con             te.
  de           pi               tra        -que
una            cio              ca           el
  es          .............     ra.         lir
  qui         .............     can         is
  na          .............     to          mo
a             -su              y            no
  la           súrra           con          te
o              me:              tra         hag
  tra                          can           a
va            -voz             to.          equi
  ha           y              -vag           voca
bl            con              a            car
  ando        tra             bun           el
```

con   vos.   deá   pa
    él   –voz: vag   so: que
                   sos.   a   a
mis   con   bun   sí
   mo   tra   deá   co mo
y   vos: pe   ca
é se   –sos   ro   mi
él   la   no   nas
                                  pier   e
                                                   res.

(de *Carroña última forma*)

–r   sec   coj   no
  inc   a   o   pod
ón   com   nud   ría
   g   o   o   el
   aúch   p   t   m
o...:   ast   oro   ás
–un   o   an   s
   a   sec   sin   coj
     v   o»   a   udo...
     ac   va... c   dej   «coj
     a   a   o   udo
r   y   e'   al
um   e   r   ñ
i   n   umi   udo»
a   d   ar   pi
su   o   mi   ens
   s   un   s   a
p   coj   p   pa'
ens   on   ens   sí
a   u   am   el
mient   d   ientos   coj
os   o   sec   onu

```
      en    to              os»    do
la          r         p            t
      h     o...      er           o
      en    l         o            r
      did   a         and          o
      ur          va       e    «co
      a           ca    se            gé
e'          se          ha        me
      su    le           sec      co
m                 pon      ao         gé
ent                e     la        me»
e:          a           v          rum
         «se      ti    ida           ia
          H       r          de        la
          A       o...   tan          v
sec         «c          t             ac
  ao        ogé         o             a
          La      me          p    «sac
v           c           en          udí
ida         ogé         s           me
            me          ar            la
                             p
                     al          e
                        cuet       rs
                         e         ia
                                   na»...
```

(de *Carroña última forma*)

Héctor Viel Temperley

Nació en Buenos Aires en 1933 y murió en la misma ciudad en 1987. Con su primer libro, a los 23 años, obtuvo la Faja de Honor de la SADE. Durante toda su vida se mantuvo al margen de grupos literarios y se prodigó muy poco por la difusión de su obra, que en los años próximos a su muerte apenas si era conocida. Sus libros de poesía son:

Poemas con caballos, Buenos Aires, Tirso, 1956.
El nadador, Buenos Aires, Emecé Editores, 1967.
Humanae vital mia, Buenos Aires, Juárez Editor, 1969.
Plaza batallón 40, Juárez Editor, 1971.
Febrero 72-Febrero 73, Buenos Aires, Juárez Editor, 1973.
Carta de marear, Buenos Aires, Juárez Editor, 1976.
Legión extranjera, Buenos Aires, Torres Agüero, 1978.
Crawl, Buenos Aires, Par-Avi-Cygno, 1982.
Hospital Británico, Par-Avi-Cygno, 1986.
Crawl y *Hospital Británico*, Villa Hermosa, México: Universidad Juárez Autónoma de Tabasco, 2003.

DAVID

David me aprieta el brazo
como un bondadoso pastor negro
y me pregunta qué quiero
escuchar esta noche
en su trompeta.

Siempre quiero escuchar lo mismo, David,
siempre creo en el mismo Jesucristo,
todas las semanas cometo los mismos pecados,
sigo crucificado en el mismo y destemplado aire.

(de *Plaza Batallón 40*)

POSADAS

Hay muchachas en Posadas
que todavía no conocen el mar
pero que pueden hamacar sus ojos
en altas y verdes hamacas sin niños
que guarda Encarnación
para tiempos risueños,
del otro lado del río.

Hay muchachas en Posadas
a las que un hombre puede, todavía,
describirles el mar, la ola, la espuma,
pero también la luz de su provincia
y los atardeceres que hacen brillar las ropas
de sus gentes humildes, como glorificándolas.

Hay muchachas en Posadas
a las que un hombre puede confesarles
que sólo allá en Misiones, los últimos minutos
de sol de cada tarde,
una pollera colorada
es colorada verdadera.

Hay muchachas en Posadas
que todavía saben
decir sin prisa y para siempre
al hombre que recién conocen y ya parte:
«Me gustaría que me viera, alguna tarde,
con mi vestido colorado.»

(de Plaza Batallón 40)

LAS RATAS

Nunca antes
pensé en las ratas. Eran
las grises, melancólicas
nadas de larga cola
que subían
a un horizonte ajeno.
Las miraba
marchar, sin importarme,
por los altos
horizontes de otros.
Pero ahora

las ratas no son nadas,
son el peso
que sobra en la memoria,
que chilla cada vez
que abro las puertas
del Día.
Sé que están
en este barco
interior, confundidas
con la Gracia,
atropellándola
cuando ella sale
a ver el mar,
a hablar con los marinos.

Ahora sé por qué
algunos días
son más grises
y hay más frío en un lado
del corazón a veces.
Las tenía
siempre conmigo
pero no sabían
que iba a despertar
esta mañana
pensando en ellas,
recordando quejas,
reproches que me hacía,
equivocado.

Desde hace un rato
van por mi memoria
como esperando
que se mueva el viento.
Y sus colas escriben: Todavía
hay fuego en las cucharas
de los cielos.

(de *Febrero 72-Febrero 73*)

HOSPITAL BRITÁNICO
(fragmento)

Larga esquina de verano

Alguien me odió ante el sol al que mi madre me arrojó. Necesito estar a oscuras, necesito regresar al hombre. No quiero que me toque la muchacha, ni el rufián, ni el ojo del poder, ni la ciencia del mundo. No quiero ser tocado por los sueños.

El enano que es mi ángel de la guarda sube bamboleándose los pocos peldaños de madera ametrallados por los soles; y sobre el pasamanos de coronas de espinas, la piedra de su anillo es un cruzado que trepa somnoliento una colina: burdeles vacíos y pequeños, panaderías abiertas pero muy pequeñas, teatros pequeños pero cerrados —y más arriba ojos de catacumbas, lejanas miradas de catacumbas tras oscuras pestañas a flor de tierra.

Un tiburón se pudre a veinte metros. Un tiburón pequeño —una bala con tajos, un acordeón abierto —se pudre y me acompaña. Un tiburón —un *criquet* en silencio en el suelo de tierra, junto a un tambor de agua, en una gomería a muchos metros de la ruta— se pudre a veinte metros del sol en mi cabeza. El sol como las puertas, con dos hombres blanquísimos, de un colegio militar en un desierto; un colegio militar que no es más que un desierto en un lugar adentro de esta playa de la que huye el futuro. (1984)

Larga esquina de verano

¿Nunca morirá la sensación de que el demonio puede servirse de los cielos, y de las nubes y las aves, para observarme las entrañas?

Amigos muertos que caminan en las tardes grises hacia frontones de pelota solitarios: El rufián que me mira se sonríe como si yo pudiera desearla todavía.

Se nubla y se desnubla. Me hundo en mi carne; me hundo en la iglesia de desagüe a cielo abierto en la que creo. Espero la resurrección —espero su estallido contra mis enemigos— en este cuerpo, en este día, en esta playa. Nada puede impedir que en su Pierna me azoten como cota de malla —y sin ninguna Historia ardan en mí— las cabezas de fósforos de todo el Tiempo.

Tengo las toses de los viejos fusiles de un Tiro Federal en los ojos. Mi vida es un desierto entre dos guerras. Necesito estar a oscuras. Necesito dormir, pero el sol me despierta. El sol, a través de mis párpados, como alas de gaviotas que echan cal sobre toda mi vida; el sol como una zona que me había olvidado; el sol como un golpe de espuma en mis confines; el sol como dos jóvenes vigías en una tempestad de luz que se ha tragado al mar, a las velas y al cielo. (1984)

Larga esquina de verano

La boca abierta al viento que se lleva a las moscas, el tiburón se pudre a veinte metros. El tiburón se desvanece, flota sobre el último asiento de la playa —del ómnibus que asciende con las ratas mareadas y con frío y comienza a partirse por la mitad y a desprenderse del limpiaparabrisas, que en los ojos del mar era su lluvia.

Me acostumbré a verlas llegar con las nubes para cambiar mi vida. Me acostumbré a extrañarlas bajo el cielo: calladas, sin equipaje, con un cepillo de dientes entre sus manos. Me acostumbré a sus vientres sin esposo, embarazadas jóvenes que odian la arena que me cubre. (1984)

Larga esquina de verano

¿Toda la arena de esta playa quiere llenar mi boca? ¿Ya todo hambre de Rostro ensangrentado quiere comer arena y olvidarse?

Aves marinas que regresan de la velocidad de Dios en mi cabeza: No me separo de las claras paralelas de madera que tatuaban la piel de mis brazos junto a las axilas; no me separo de la única morada —sin paredes ni techo— que he tenido en el ígneo brillante de extranjero del centro de los patios vacíos del verano, y soy hambre de arenas —y hambre de Rostro ensangrentado.

Pero como sitiado por una eternidad, ¿yo puedo hacer violencia para que aparezca Tu Cuerpo, que es mi arrepentimiento? ¿Puedo hacer violencia con el pugilista africano de hierro y vientre almohadillado que es mi pieza sin luz a la una de la tarde mientras el mar —afuera— parece una armería? Dos mil años de esperanza, de arena y de muchacha muerta, ¿pueden hacer violencia? Con humedad de tienda que vendía cigarrillos negros, revólveres baratos y cintas de colores para disfraces de Carnaval, ¿se puede todavía hacer violencia?

Sin Tu Cuerpo en la tierra muere sin sangre el que no muere mártir; sin Tu Cuerpo en la tierra soy la trastienda de un negocio donde se deshacen cadenas, brújulas, timones —lentamente como hostias— bajo un ventilador de techo gris; sin Tu Cuerpo en la tierra no sé cómo pedir perdón a una muchacha en la punta de guadaña con rocío del ala izquierda del cementerio alemán (y la orilla del mar —espuma y agua helada en las mejillas— es a veces un hombre que se afeita sin ganas día tras día). (1985)

Larga esquina de verano

¿Soy ese tripulante con corona de espinas que no ve a sus alas afuera del buque, que no ve a Tu Rostro en el afiche pegado al casco y desgarrado por el viento y que no sabe todavía que Tu Rostro es más que todo el mar cuando lanza sus dados contra un negro espigón de cocinas de hierro que espera a algunos hombres en un sol donde nieva? (1985)

Tu Rostro

Tu Rostro como sangre muy oscura en un plato de tropa, entre cocinas frías y bajo un sol de nieve; Tu Rostro como una conversación entre colmenas con vértigo en la llanura del verano; Tu Rostro como sombra verde y negra con balidos muy cerca de mi aliento y mi revólver; Tu Rostro como sombra verde y negra que desciende al galope, cada tarde, desde una pampa a dos mil metros sobre el nivel del mar; Tu Rostro como arroyos de violetas cayendo lentamente sobre gallos de riña; Tu Rostro como arroyos de violetas que empapan de vitrales a un hospital sobre un barranco. (1985)

Tu Cuerpo y Tu Padre

Tu Cuerpo como un barranco, y el amor de Tu Padre como duras mazorcas de tristeza en Tus axilas casi desgarradas. (1985)

Tengo la cabeza vendada (texto profético lejano)

Mi cabeza para nacer cruza el fuego del mundo pero con una serpentina de agua helada en la memoria. Y le pido socorro. (1978)

Tengo la cabeza vendada

Mariposa de Dios, pubis de María: Atraviesa la sangre de
mi frente —hasta besarme el Rostro en Jesucristo—.
(1982)

Tengo la cabeza vendada (textos proféticos)

Mi cuerpo —con aves como bisturíes en la frente— entra en
mi alma. (1984)

El sol, en mi cabeza, como toda la sangre de Cristo sobre una
pared de anestesia total. (1984)

Santa Reina de los misterios del rosario del hacha y de las bra-
zadas lejos del espigón: Ruega por mí que estoy en una
zona donde nunca había anclado con maniobras de Cris-
to en mi cabeza. (1985)

Señor: Desde este instante mi cabeza quiere ser, por los siglos
de los siglos, la herida de Tu Mano bendiciéndome en fue-
go. (1984)

El sol como blanca velocidad de Dios en mi cabeza, que la as-
pira y desgarra hacia la nuca. (1984)

Tengo la cabeza vendada (texto del hombre en la playa)

Por culpa del viento de fuego que penetra en su herida, en
este instante, Tu Mano traza un ancla y no una cruz en mi ca-
beza.

Quiero beber hacia mi nuca, eternamente, los dos brazos
del ancla del temblor de Tu Carne y de la prisa de los Cielos.
(1984)

Tengo la cabeza vendada (texto del hombre en la playa)

Allá atrás, en mi nuca, vi al blanquísimo desierto de esta vida de mi vida; vi a mi eternidad, que debo atravesar desde los ojos del Señor hasta los ojos del Señor. (1984)

Me han sacado del mundo

Soy el lugar donde el Señor tiende la Luz que Él es.

Me han sacado del mundo

Me cubre una armadura de mariposas y estoy en la camisa de mariposas que es el Señor —adentro, en mí.

El Reino de los Cielos me rodea. El Reino de los Cielos es el Cuerpo de Cristo —y cada mediodía toco a Cristo.

Cristo es Cristo madre, y en Él viene mi madre a visitarme.

(de *Hospital Británico*)

Juana Bignozzi

Nació en Buenos Aires en 1937. Trabajó como periodista. En 1958 formó parte del grupo poético El Pan Duro, junto a Juan Gelman y otros poetas. En 1974 se radicó en Barcelona, donde trabajó como traductora y continuó su obra literaria. Recibió el Segundo Premio Municipal de Poesía de Buenos Aires en 2000 y el premio Konex por el quinquenio 1999-2003. Reside en Buenos Aires desde 2004. Sus libros de poesía son:

Los límites, Buenos Aires, Stilcograf, 1960.
Tierra de Nadie, Buenos Aires, Nueva Expresión, 1962.
Mujer de cierto orden, Buenos Aires, Falbo, 1967.
Regreso a la patria, Buenos Aires, Tierra Firme, 1989.
Interior con poeta, Buenos Aires, Tierra Firme, 1993.
Partida de las grandes líneas, Buenos Aires, Tierra Firme, 1997.
La ley tu ley, Buenos Aires, Adriana Hidalgo, 2000.
Quién hubiera sido pintada, Buenos Aires, Editorial Siesta, 2001.

CONVERSABLE Y MODERADO

Yo digo si algo en la vida tuviera algún sentido tendría
    tu nombre
nosotras mujeres de cierto orden con ideas precisas con
    ninguna idea
que nos sirven para vivir para no gritar
con amigos que dicen el amor por la gente
con recuerdos de magnolias en la quinta
el gran amor me digo
señalo con un dedo los dibujitos en la pared
la planta que en mi casa da flores de un día
señalo mi juego, este último de aburrirme
repito algunas cosas ingeniosas,
el gran amor las cartas los poemas el olor del verano
el gran amor
que nadie se sonría todavía.

(de *Mujer de cierto orden*)

VIDA DE RELACIÓN

En las mismas habitaciones con el mismo reloj
revivimos historias de los que se han equivocado
nosotros los que nunca haríamos eso, los que entendemos

seres solitarios con amores ocultos
si ellos pudieran entender los pobrecitos que aconsejan viajes
yo como persona que amo las hermosas formas de la muerte
y que ahora sólo espera no morirse hasta entender
si mis hermosos amigos casi todos preocupados por la vida
pudieran quitarse la capa
yo les hablaría de la alegría les contaría historias sencillas
cuentos para alguien que quisiera vivir.
Si ellos dejaran de pasearse por el mundo
yo les hablaría de algunas de las vidas que aún escucho
si yo estuviera totalmente loca o totalmente muerta
si alguna vez me dejaran sola sin ningún nombre
quiero decir sin preguntarme quién soy
yo les diría ciertas mujeres con amores tristes
conocen como nadie el sol de la tarde
las tazas de café compartidas
las sabias charlas sobre el tiempo
con mis hermosos amigos casi del alma
hablo del cambio de estación
de los viajes tan necesarios para la gente con inquietudes
yo les diría para los demás aún hay formas de convivencia
para nosotros, sólo ciertos cariños por las locuras
ciertas charlas que no cuestan agonizar durante años
calles caminadas recaminadas
nosotros en realidad
gente con oficios que no sirven para triunfar
gente que se envenena dulcemente casi con amor.

(de *Mujer de cierto orden*)

REGRESO A LA PATRIA

Las mujeres de mi generación
las que tuvimos la suerte de no convertirnos
en atemporales secas acumuladoras de inútiles
                    [conocimientos
        somos cursis
toda conversación empieza evocando la vida
por eso las que hemos persistido
somos suaves dorian gray trampeando sin amigos
supuestas conocedoras de conductas
en realidad sufrimos los arquetipos
nosotras también finalmente tipos clásicos
sólo aspiramos a no entender
los adjetivos que puedan dedicarnos

los límites se miden desde el comienzo
el final se valora desde el vamos

(de *Regreso a la patria*)

Por tanto monologar
por tanta charla de borracho al amanecer
no oí alguna voz que debió ser definitiva
no escuché alguna pregunta que debió cambiar todo
aplastadas por mi constante charla brillante
desaparecieron las únicas proposiciones serias que debí
considerar
y repartí los sí y los no
en escenografías que intentaron servir
las voces que no oí viven ahora en países absurdos vegetan
        en juzgados de provincia
enseñan historias imperiales en sabanas tercermundistas
han vivido
vidas algunas y muertes en serio otras

y todos hemos olvidado unas palabras que ahora son
caminos invadidos por buenas fórmulas y mejor cortesía

(de *Regreso a la patria*)

En realidad lo que yo quisiera en la vida
es ofrecer fiestas
vivir alguna sustitución de la libertad
extender la mesa recibir a ciertos superficiales
emborracharme con los entrañables
o tal vez con ese hermano único inhallado
la hermana imaginaria el fantasma de las madrugadas
revivir cuadros perfectos sobre los que ha crecido el yuyo
y saber que de esta tierra en invierno quedará
un disco que seguirá cantando en la casa vacía
el teléfono que seguirá llamando a oscuras

(de *Regreso a la patria*)

UNA FOTO DEL MOMENTO

mi vida es un decurso de ceremonias incumplidas
no enterré a mis padres
no tuve hijos
no tengo por delante un abismo en el cual perder mi vida
no pasé de la casa de un hombre a la del otro

en silencio el verdadero
que me sostiene detrás de tanto ruido
preparo una eternidad

esa foto tomada por la amistad de tus ojos
la ceremonia no fallida de mi vida
siempre dirá que estuve viva en un lugar que amaba

(de *Interior con poeta*)

la buena gente sabe dónde está la felicidad
mi padre sabía cuál era la patria de la clase obrera y era feliz
mi portera no tiene deudas y es feliz
mi amiga se enamora con amplitud y es feliz
yo te recupero te olvido rechazo mantengo a la espera
tu perfil me sigue emocionado
y entonces creo que la felicidad no siempre es ajena o de
          simples

(de *Interior con poeta*)

BARCELONA-LYON

a mi edad la gente encuentra finalmente
una casa fija y un lugar claro en su generación
habla de amigos y bares muertos y de exmaridos
y no de visitas a amigas dispersas por el mundo
de la misma explicación con el mismo hombre
a esta edad se debe llegar a un país a un partido
y no a estos viajes
en trenes nocturnos con cambios en la frontera

(de *Interior con poeta*)

XXXIV

nunca comí lo que como en estas noches
mi miseria tuvo un color más vernáculo
aquel primo que en el 49 me llevaba a caminar con él
mi único y último contacto
con aquello de lo que siempre
me preservé
con una conducta alternativa y un consumo de apariencia
un primo que compraba cestitas de flores medallitas de la
virgen pulseras de bisutería y enormes pizzas para romper
la decencia de cocinar en casa
vendía tabaco de contrabando en los billares de Corrientes
y entre los profesionales judíos de Villa Crespo
luego yo tuve los verdaderos cafés de la noche
los vinos de las madrugadas los magníficos amores
pero nunca más aquellos hombres aquellos muchachos de
          barrio

                    (de *Partida de grandes líneas*)

el efecto realidad de mis nuevos amigos poetas
ha sido una vez más borrado por la realidad
la añoranza de las cartas nunca sobrevivió
a la presencia del añorado
sin confrontación se habla del amado
sea este país capillita literaria o prestigiosa revista
o se juega en los reportajes con la ingenuidad europea
          engañada sobre la causa del extrañamiento
pero olvidan que la amada en medio del frío abulense
          respondió con claridad cuando le dijeron quién eres
los nuevos místicos de trópicos nacionalismos megalópolis
          orígenes raciales
rescatados en el fracaso
no en la derrota

el derrotado es el campo popular el espacio consagrado del
      obrero
rescatados en el fracaso de unos niños de doble moral que no
resistieron ni la prueba del trabajo en una ciudad
      extraña
de unos niños que sólo supieron sobrevivir en la prebenda
      y el acomodo
escenarios conocidos a partir de un lucrativo exilio
han vendido un corazón tramposo
luego el efecto realidad suele poner las cosas en su sitio
a cada cual su campo devastado
a cada cual su justificación por no volver a la patria añorada
a cada cual su jardincito

                                (de *La ley tu ley*)

por qué no puede decirse en los poemas lo que se dice en las
canciones te quiero con la fuerza de mí alma yo
espera un poco un poquito más
si tu me dices ven lo dejo todo
no puede decirse en los poemas lo que se dice en las canciones
más allá del verano después de la década de las flores de
mi black velvet en el Ideal de Natalie de la gente linda del
reformismo alguien tiene que decir hay un consuelo en los
poemas
no todo termina
con ese verano de amaneceres en barrios góticos la place
      rouge était vide
o con el último hombre de la madurez
un poema debe decirles en esta esquina de la pérdida es donde
patinamos con el reverendo sobre el hielo de la permanencia

                                (de *La ley tu ley*)

tierra y memoria tiro sobre vos
amores de verano y pasiones provincianas
que sellan y borran la confusión de la ideología
elementos frágiles banderas en las manifestaciones
primeros de mayo en el tenebrismo de Palacios
vísperas con despierta y canta
la realidad del día a día con concursos y premios
dónde han caído las primeras muertes heroicas
tierra y memoria tiro
sobre las muchachas que llevaron las banderas
y hoy hacen meritorio teatro de barrio
mientras oigo hablar de idealismo
repugnante palabra patrimonio de la derecha
poetas de mi juventud
bares de mi ciudad colectivos de la madrugada
paso la noche sobre el océano
para tirar tierra y memoria
sobre toda esa poesía perdida

(de *La ley tu ley*)

vuelvo a pintar las flores de mi juventud
vuelvo a ver el amanecer
sin temor
ya nunca nadie podrá decirme éstas no son horas
veo amanecer como una mujer no como una joven temerosa
de la ley tu ley
el acero de esta luz para una mujer sola
que no debe temer sino decidir

(de *La ley tu ley*)

Luisa Futoranski

Nació en Buenos Aires en 1939. Hizo estudios de Derecho y Literatura. En 1970 viajó becada a la Universidad de Iowa, primero, y a Roma, después, donde realizó estudios de Poesía Contemporánea en la Universidad de Roma y en la Accademia Chighiana-Siena. Hace más de 25 años que vive en París. Fue periodista en la agencia de noticias France Presse (AFP), 1995-2004, conferenciante en el Centro de Arte y Cultura Georges Pompidou, de París, entre 1989-2000, y colaboradora, durante más de diez años, de programas culturales de Radio Euzkadi, 1985-1997, así como en Radio France Culture, de París. Ha recibido tres premios de poesía del Fondo Nacional de las Artes de Argentina, recibió la condecoración Chevalier des Arts et Lettres en Francia, en 1990. En 1991 obtuvo la Beca Guggenheim y en 1993 la del Centre National des Lettres de Francia. Libros de poesía:

Trago fuerte, Potosí, Editorial Potosí, 1963.
El corazón de los lugares, Buenos Aires, Editorial Perrot, 1964.
Babel, Babel, Buenos Aires, Ediciones La loca poesía, 1968.
Lo regado por lo seco, Buenos Aires, Ediciones Noé, 1972.
En nombre de los vientos, Zaragoza, Aljafería, 1976.
Partir, digo, Valencia, Editorial Prometeo,1982.
El diván de la puerta dorada, Madrid, Editorial Torremozas, 1984.
La sanguina, Barcelona, José Batlló Editor, 1987.
La parca, enfrente, Buenos Aires, Libros de Tierra Firme, 1995.
Inclinaciones, Buenos Aires, Editorial Leviatán, 2006.

Prender de gajo, Madrid, Editorial Calambur, 2006.

Seqüana Barrosa, Jerez, EH Editores, 2007.

Desaires (con fotos de José Antonio Berni), Madrid, Ediciones de Centro de Arte Moderno de Madrid, 2007.

LLANOS DEL SUR

I

los calmos bergantines las flores más sangrientas los lienzos
                                                            [de la
discordia los panes del milagro

adjetivos y ritos profusamente iluminados
por la luz mala y fosforescente de lo corrupto
se yerguen de la llanura atrás del acero oxidado de sus
                                                    [armaduras
allí donde el ganado abona el suelo
pero las simientes olvidan crecer

extensión de la condena soledad es tu nombre
repiten las aves que graznan augurios

el sol no tiene prisa en tu calvicie
los vientos fatigados se detienen a contemplarte en tus riachos
pampas de la desesperanza
sólo tu feroz tenacidad hace que entres
por la puerta grande de la tragedia

II

llano enrojecido
llano del atardecer donde la palabra descubre el secreto
y los pájaros enloquecen de temor

hora en que los elementos son un haz vandálico
un estremecimiento prolongado en el espinazo de los vivos
hora en que los hechiceros soplan las narices de los enfermos
pero no logran felices resultados
hora en que la lejanía y la vecindad de los estrechos
confunde aguas y tierras

únete viento
ven basilisco que es tu turno
huye unicornio por las altas gramíneas
refúgiate en los tapices de las damas
que ya las maderas del presagio
arden en razones de cuidado
y el silencio es un enigma que no predice
un solo día venturoso

III

entre la cima y el valle
el menor esfuerzo, nada agotador
nada que turbe la indiferencia de las tierras llanas
ciudad cuyo medio propicio es la humedad
pulpo extendido, ambiguo y perezoso
tu abrazo es el ahogo febril que impones a los otros
ansiosa ciudad gris
a la que es necesario ganar palmo a palmo la alegría
ciudad de artilugios y espejismos
con su poder agazapado en las tinieblas
contigo los pactos de honor
están destinados al fracaso
ciudad perdida en estéril oratoria

y en la retórica infernal de los posesos
predispuesta de antemano a la condena
cuando las algas se adueñen de tu estridencia
y el limo se solace en tus bodegas
cuando te sumerjas en la noche sin espejos
¿quién tendrá piedad por tu arrogancia?

cuando los peces retiren sus ovas
de los recovecos de tus construcciones
otra vez un ingenuo, un loco, un guerrero
un fanático, un ambicioso, o todos ellos juntos
o alguien con todos y más de estos defectos y virtudes
erigirá un fortín en el desierto
y te llamará de alguna nueva y vieja manera
buenos aires

(de *Babel, Babel*)

A VEINTE AÑOS DE AUSCHWITZ, BERGEN-BELSEN Y LOS OTROS

¿Dónde guardarán el alma los algarrobos,
los pinos o los alerces?
¿Dónde sufrirán a Dios?
¿En qué lugar alguno de triste corazón
buscará el suicidio?

¿Cómo vivirán las estaciones, la enfermedad,
el amor, la locura, la muerte?
¿Con qué lenguaje expresará el silencio
la vejez de los árboles?

¿Cómo hablar vuestra lengua, me digo,
cómo saber de vosotros la verdad
—porque también habéis sido testigos y por tanto cómplices—,

cómo sacudir este sopor,
cómo limpiar nuestras raíces,
cómo recibir el sol con esta alma empozada,
con el hierro, la memoria y tanta sangre olvidada
y peligrosamente muerta y viva entre las manos?

(de *Babel, Babel*)

DAMA DE AMOR

de nada valdrán Dama de Amor
los recursos que utilizas para huir de tu reino
porque se vuelven contra ti los artificios que empleas para
                                                 [engañarte:
cuando bebes láudano diciendo convencida «es preciso
olvidar» «hay que sumirse en la zona apacible donde el pulso
no sepa de estridencias»
sabes que en realidad bebes de las flores secretas y precisas
que te abren al tiempo minucioso de la memoria de cada uno de
tus escandalosos devaneos en procura de los pendientes de
                                               [la alegría
los pendientes cuyo reverso es la tragedia
y que te conminan con el imperio de su mandato al camino de
la desventura

es en vano nazarena que cortes tus pelos en menguante
porque sabes que ellos crecerán aún más vivamente al parir las
mareas el jubiloso canto de las ovas recién fecundadas
y te arrastrarás por el légamo del deseo henchida de presagios
empujada por las locas reinas muertas que te legaron tu cetro
y su figura
que hoy paseas por esta ciudad que tiene la inocencia
de los malvados y el ojo inexorable de los relojes de arena
                                               [vueltos
hacia las sombras

es en vano que prendas fuego a los amuletos o que inmoles las
tórtolas pacíficas para lavar con su sangre tu corazón y
[adormecerlo
en el altar de la piedra viviente que dicen puede silenciar
los estremecimientos y la fiebre porque sólo lograrás que
[reverdezcan
los sarmientos del suplicio y los engranajes en los que
desfallecen las esperas para abrir finalmente el cofre que
[aumenta
hasta el delirio el eco de los gemidos en todos los lechos de
[amor

Dama que tiritas la edad de tu ternura y te escondes en los
[valles
tenebrosos sabiendo que tus seguidores están ya a punto de
[alcanzarte
que tú serás la primera en dar muerte a tu sombra
para colgar así el trofeo a la usanza de los jíbaros en la
[bandolera
de tu ira
corta ya las amarras del navío
el loco furibundo amor hará el resto

a Olga Orozco

(de *Babel, Babel*)

PAPELES DE EURÍDICE

Sería tan fácil Orfeo
una presión cálida en tu saludo
un silencio leve que franqueara las sirgas de la maledicencia
apenas tu piel extendida en los cardinales de mi corazón
y yo desandaría lentamente
ciega y muda

cada una de las habitaciones del infierno
el enrarecido y ponzoñoso gas de estos pantanos
las alimañas anudadas a mi torso
el ronco graznido de las aves maléficas
y los marineros errantes y fantasmales
que desgarran mis vestiduras con el escándalo del dolor.

Orfeo tú no me amas
veo en tus ojos la intención de detenerte
veo que me venderás en la primera feria de dragones.

Orfeo no vuelvas a condenarme
a este martirio de deambular sin tu recuerdo.
Ten valor
falta aún para salvarnos
desandar la impudicia
bríndame sólo un gesto
y yo Eurídice me encargaré
de que el sol vele por nosotros.

(de *Babel, Babel*)

EL GIGANTE

I

Inmensa tierra
en que la impunidad nombra los pecados capitales
y en donde el hombre es un pequeño ser
agobiado por su propio peso.

Ángulo obtuso de la fuerza.
Ángulo agudo de la ingenuidad.

En la impericia de nombrarte,
en la primaria zona de la demencia,
con el color que nos abruma
y la niebla que nos rige;
con el tenaz amor de los desposeídos,
empiezo a hablarte de por vida,
tierra de nadie abierta a todas las explosiones

dame la voz
oh, América

(de *El corazón de los lugares*)

BODEGÓN

Antes de que abandones
el aire
quiero que sepas que fuiste
importante como el pan fresco
el arcoiris, las estrellas, el color índigo
y los puentes de París

(de *Inclinaciones*)

PENTIMENTO EN CORTEZA DE PLÁTANO

Dije al lince al nenúfar
a la sombra y eco de mi sombra
¿un poema de amor?
nunca más

pero escaldada
recomienzo
el viaje por agua
el viaje por cielo

en amor
amor renace
veme oh veme

(de *Inclinaciones*)

PRENDER DE GAJO (selección)

1

Cuando nací, en casa había un gallinero con pocas aves pero
mucho barro. Había también una cerca de alambre que
no se veía a fuerza y perfume de madreselvas.
En la puerta, un dintel de mármol herido servía para hundir
el dedo en la ranura y extraer hormigas coloradas, leer
cuentos, adivinar dónde irían los escasos caminantes de la
calle de tierra y aprender a esperar el príncipe, el pasmo,
el mesías y la revelación.

2

Se me llena la boca diciendo: mis abuelos eran ebanistas y co-
sían entretela de corbatas.
En realidad me llenaría de orgullo con casi cualquier cosa que
mis mayores hubieran profesado: podrían haber ejercido
la fullería, ser incendiarios, panaderos, ricos o famosos,
que yo tan contenta. Conversos, traidores, violentos, no.
¿Por qué a ellos los asumo y a mí, tan pacífica, tan inocua, to-
davía no?

4

Gil de Urquiza, Carozo de Jonelarenga.
Bobuich de Boedo, Adolfo de Dorrego
de picnic en el firmamento de los ahogados, los presos, los
[suicidas

Encaramados
densos, crueles

este peso sobre los hombros
la estúpida pirámide

no desciendo de ningún parsimonioso funcionario
sino de gente simple
colérica y desdichada

esta giba, el nudo de marinero
este defecto
el temor y la esperanza
que se enroscan

la cuesta, el viento
léase tifón

y sin embargo
estrellarse no es lo que era
subir la cuesta
soñar
o amanecer
tampoco

(de *Prender de gajo*)

CON LOS DEDOS

¿qué se espera de un viejo? que pida turno con especialistas
que le confirmarán por si falta le hacía
el deterioro irremediable

que mate el tiempo
que sus deseos como él se jubilen sin júbilo de la vida del
                                    [paso y el respiro
sus allegados, la ciudad, se vengan de sus antiguas perrerías
                                    [y petulancia
le multiplican escaleras
veredas jabonosas
apenas con un alfiler
un martillito de viento le quiebran la dentadura postiza
en el lavabo del hotel
y para rematarla los duendes de la noche la tiran por la
                                    [ventana
y el vecindario se queja por ruidos molestos
intempestivos
joder con los viejos
hay quien dice que huelen tan mal como los linyeras
o los muros de las prisiones
porque el olor de una clase de adolescentes en verano
voltea marea
distinto

el viejo vive en un inmenso país de gente resfriada
por el arrepentimiento y los tiempos condicionales
un país de peter pan
de principitos destronados y cochambrosos
que la parsimonia con que abren sus chequeras no ventila

país de excrecencias, temblores toses
alfombrado de pesadillas

yo lázaro transmito
al volver de la academia

tradición obliga
preciosos mendrugos, edictos de cariño

el arcoiris se come con los dedos
el rocío aminora el mal aliento
las piedras preciosas en los bolsillos dificultan el vuelo
soltarlas en el firmamento lo aligera

descifrar alfabetos en la forma de las nubes desempolva la
[penuria
tirar del cántaro
hasta que por fin se rompa
en una luminosa astilladura de partículas
para qué otra cosa están hechos acaso los cántaros
la gente
las medias
las casas
los elefantes
sino para romperse
así
de repente
y a sabiendas

30/06/08
(de *Luca*, inédito)

Alejandra Pizarnik

Nació en Buenos Aires en 1936. Fue la segunda hija de inmigrantes judíos centroeuropeos. Entre 1960 y 1964 vivió en París, donde maduró como poeta. Por causa de sus frecuentes depresiones y tentativas de suicidio pasó semirrecluida entre 1970 y 1972. El 25 de septiembre de 1972, habiendo pedido un pase para salir de visita a su casa, se suicidó con una sobredosis de seconal sódico, cuando tenía 36 años de edad. Sus libros de poesía son:

La tierra más ajena, Buenos Aires, Botella de Mar, 1955.
La última inocencia, Buenos Aires, [S.N.] 1956.
Las aventuras perdidas, 1958.
Árbol de Diana, Buenos Aires, Sur, 1962.
Los trabajos y las noches, Buenos Aires, Sudamericana, 1965.
El infierno musical, Buenos Aires, Siglo Veintiuno, 1971.
La Condesa sangrienta, Buenos Aires, Aquarius, 1971.
Extracción de la piedra de la locura, Buenos Aires, Centro Editor de América Latina, 1988.
Textos de sombras y últimos poemas, Buenos Aires, Sudamericana, 1982.
Poesía completa, 1955-1972, Barcelona, Lumen, 2001.

A LA ESPERA DE LA OSCURIDAD

Ese instante que no se olvida
Tan vacío devuelto por las sombras
Tan vacío rechazado por los relojes
Ese pobre instante adoptado por mi ternura
Desnudo desnudo de sangre de alas
Sin ojos para recordar angustias de antaño
Sin labios para recoger el zumo de las violencias
Perdidas en el canto de los helados campanarios.

Ampáralo niña ciega de alma
Ponle tus cabellos escarchados por el fuego
Abrázalo pequeña estatua de terror
Señálale el mundo convulsionado a tus pies
A tus pies donde mueren las golondrinas
Tiritantes de pavor frente al futuro
Dile que los espíritus del mar
Humedecen las únicas palabras
Por las que vale vivir.

Pero ese instante sudoroso de nada
Acurrucado en la cueva del destino
Sin manos para decir nunca
Sin manos para regalar mariposas
A los niños muertos

(de *La última inocencia*)

LA ÚLTIMA INOCENCIA

Partir
en cuerpo y alma
partir.

Partir
deshacerse de las miradas
piedras opresoras
que duermen en la garganta.

He de partir
no más inercia bajo el sol
no más sangre anonadada
no más formar fila para morir.

He de partir

Pero arremete, ¡viajera!

(de *La última inocencia*)

LA LUZ CAÍDA DE LA NOCHE

vierte esfinge
mi llanto en mi delirio
crece con flores en mi espera
porque la salvación celebra
el manar de la nada

vierte esfinge
la paz de tus cabellos de piedra
en mi sangre rabiosa

yo no entiendo la música
del último abismo
yo no sé del sermón
del brazo de hiedra
pero quiero ser del pájaro enamorado
que arrastra a las muchachas
ebrias de misterio
quiero al pájaro sabio en amor
el único libre

(de *Las aventuras perdidas*)

LA CARENCIA

Yo no sé de pájaros
no conozco la historia del fuego.
Pero creo que mi soledad debería tener alas.

(de *Las aventuras perdidas*)

9

Estos huesos brillando en la noche,
estas palabras como piedras preciosas
en la garganta viva de un pájaro petrificado,
este verde muy amado,
esta lila caliente,
este corazón sólo misterioso.

(de *El árbol de Diana*)

35

Vida, mi vida, déjate caer, déjate doler, mi vida, déjate enlazar
de fuego, de silencio ingenuo, de piedras verdes en la casa de
la noche, déjate caer y doler, mi vida.

(de *El árbol de Diana*)

LOS TRABAJOS Y LAS NOCHES

para reconocer en la sed mi emblema
para significar el único sueño
para no sustentarme nunca de nuevo en el amor

he sido toda ofrenda
un puro errar
de loba en el bosque
en la noche de los cuerpos

para decir la palabra inocente

(de *Los trabajos y las noches*)

ANILLOS DE CENIZA

A Cristina Campo

Son mis voces cantando
para que no canten ellos,
los amordazados grismente en el alba,
los vestidos de pájaro desolado en la lluvia.

Hay, en la espera,
un rumor lila rompiéndose.
Y hay, cuando viene el día,
una partición del sol en pequeños soles negros.
Y cuando es de noche, siempre,
una tribu de palabras mutiladas
busca asilo en mi garganta,
para que no canten ellos,
los funestos, los dueños del silencio.

(de *Los trabajos y las noches*)

PIDO EL SILENCIO

... canta, lastimada mía

Cervantes

aunque es tarde, es noche,
y tú no puedes.

Canta como si no pasara nada.

Nada pasa.

(de *Los trabajos y las noches*)

EL INFIERNO MUSICAL

Golpean con soles

Nada se acopla con nada aquí

Y de tanto animal muerto en el cementerio de huesos filosos
[de mi memoria

Y de tantas monjas como cuervos que se precipitan a hurgar
[entre mis piernas

La cantidad de fragmentos me desgarra

Impuro diálogo

Un proyectarse desesperado de la materia verbal

Liberada a sí misma

Naufragando en sí misma

(de *El infierno musical*)

Como una idiota cruzando la calle
tengo miedo, me río, me saludo en el espejo
con una sábana hedionda,
me corto de raíz,
me escupo, me execro.
Como una santa acosada
por voces angélicas
me hundo en la canción de las plagas
y me vengo, me renuncio,
me silencio, me recuerdo.

(de «Poemas no recogidos en libros»,
en *Poesía Completa*)

criatura en plegaria
rabia contra la niebla

escrito

en

el

crepúsculo

contra

la

opacidad

no quiero ir
nada más
que hasta el fondo

oh vida
oh lenguaje
oh Isidoro

Septiembre de 1972

(Escrito en tiza en el pizarrón del cuarto de trabajo de Alejandra Pizarnik, publicado en *Poesía Completa*)

Juan Manuel Inchauspe

Nació en Santa Fe en 1940, y allí falleció, en 1991, a la edad de 51 años. Es uno de los poetas secretos argentinos, recuperados para la historia de la poesía sólo en los últimos años. Sus libros de poesía son:

Poemas (1964-1975), Santa Fe, Argentina, Universidad Nacional del Litoral, 1994.
Trabajo nocturno, Santa Fe, Argentina, Universidad Nacional del Litoral, 1985.
Poesía completa, Santa Fe, Argentina, Universidad Nacional del Litoral, 1994.

5

Suave es caer en la habitación
cuando hemos dejado detrás
esa acumulación crujiente de horas
quemadas para vivir.

Suave la presencia de los muebles
la línea de tu nuca acompañando
la inclinación de tu cabeza sobre el libro.
Suave el fondo de mar de tus ojos.

Y más suave la hora —en que ya cansado
pero terriblemente libre— enciendo
la lámpara que apagaré muy tarde.

May. 1966
(de *Poemas*)

1

He tratado de reunir pacientemente
algunas palabras. De abrazar en el aire
aquello que escapa de mí
a morir entre los dientes del caos.

Por eso no pidan palabras seguras
no pidan tibias y envolventes vainas llevando
en la noche la promesa de una tierra sin páramos.
Hemos vivido entre las cosas que el frío enmudece.
Conocemos esa mudez. Y para quien
se acerque a estos lugares hay un chasquido
de látigo en la noche
y un lomo de caballo que resiste.

1966
(de *Poemas*)

5

Yo no quiero valerme de palabras
que han sido quemadas, torcidas
en una violenta noche de circo.

No quiero esa canción. Tal vez
llegue tarde, tal vez el paisaje
esté mitad petrificado ya.

Pero no hay excusas.
Sólo aquello que aún no he visto
de mí se agita en la noche.

Sólo las voces perdidas que el tiempo
ha vencido en el fondo de mi carne
me hablan. Y esto no tiene nada
que ver con la frialdad
que los otros han arrojado sobre el paisaje.

Yo escupiré mi propia sangre.

1968
(de *Poemas*)

8

La mañana ya no te traerá ninguna inocencia,
ningún juego limpio. Demasiado impuestos
los esquemas de la realidad
están allí. Aguardan la inclinación decisiva,
la elección de nuestros ojos.

¿Quién, acaso, ha aplastado la cabeza
que se quiso erguir dentro de nosotros?

¿La cabeza pura?

¿Y a costa de qué muertes se mantiene
el fuego bajo la sien?
Vida sin equilibrio:
a ti no te queda nada más ya
que la violencia de algunas palabras.

1969
(de *Poemas*)

1

Me voy muy temprano y regreso muy tarde
cuando la noche ha hecho ya
gran parte de su trabajo
y no queda tiempo para detenerse a mirar.

Así paso los días. Como si lo mejor de mí
estuviera paralizado y muerto
o mejor como si no hubiera existido nunca.

Nada más que este rostro hipnotizado.
Como un pájaro nocturno
alguna palabra escala mi sangre.

Entiendo que debo quemar mis manos una vez más.
Abro el cuaderno y escribo rápidamente

Todo arde.

1969
(de *Poemas*)

3

De pronto todo se oscurece querida.

A plena luz.

Cuando la tarde permanece aún abierta y sin doblegar
todo se oscurece.

Nosotros que quisimos que el sol fuera nuestro alimento
somos a veces brutalmente arrancados de aquí
y empujados lejos
Donde la frialdad crece como una hiedra oscura y paciente.

(de *Poemas*)

6

He estado leyendo en estos viejos papeles
palabras escritas hace tiempo
bajo otro cielo
en otra ciudad.

Sé que no son grandes palabras
que no hablan ni de la vida ni de la muerte
que han conseguido entrar en el corazón de algunos instantes
pero nada más.
Uno por uno
se retorció cada papel en el fuego.

Vertical
el frío de junio
caía sobre mí.

(de Poemas)

LA ARAÑA

La veo asomarse en el orificio de un tronco podrido.
¿Cuál es, exactamente, su mundo? No lo sé.
Quizá sea ese tenso cordaje
entre ramas y hojas,
sobre el cual pretende ahora avanzar.
Alrededor nada se mueve.

Pero ella debe haber escuchado un oscuro llamado:
¿Mide realmente
la distancia que la separa del centro?
¿O se siente poderosamente atraída
por ese vacío cargado de peligro?

Como nosotros, a veces, en medio de la oscuridad
y de las palabras,
ella, la araña, emerge de pronto hacia la luz
y se aquieta de golpe
atenta a todas las vibraciones
de la red.

(de Poemas)

LOS TUYOS

Has llorado, en secreto, a los tuyos.
Lenta, inexorablemente, los has visto partir,
alejarse para siempre.
Has sentido, en tu corazón,
El desprendimiento de una rama que cae.
Y luego has borrado
las huellas de esas lágrimas,
has contenido, en el límite infranqueable,
los bordes de tu propio dolor
y lo has devuelto a tu pobre vida,
a los días siguientes, a las horas,
para que permanezca allí,
oculto
como una invisible y constante
cicatriz.

(de *Trabajo nocturno*)

AUSENCIA

A veces
en medio del inútil fragor del día
tu pequeña luz ya apagada parece encenderse
inesperadamente sobre nosotros.

Nadie habla.
Nadie dice nada.
Entre el fragor y tu ausencia se alza
la única luz que nos alumbró.

(de *Trabajo nocturno*)

TRABAJO NOCTURNO

Temprano
esta mañana
encontré en el patio de casa
el cuerpo de una enorme rata
inmóvil.
Moscas de alas tornasoladas
zumbaban alrededor del cadáver
y se apretaban en los orificios de unas heridas
que habían sido sin duda mortales.
Con bastante asco
la alcé con la pala y la enterré
en un rincón alejado
del jardín.

Al volverme
desde el matorral de hortensias florecidas
emergió mi gata dócil
desperezándose.
Su brillante pelaje estaba todavía
erizado por la electricidad de la noche.
Me miró
y después comenzó a seguirme
maullando suavemente
pidiéndome —como todas las mañanas—
su tazón de leche fresca
y pura.

(de *Trabajo nocturno*)

EL CENTRO DE NUESTRA VIDA

El centro de nuestra vida
es lo que importa
el centro
no la periferia abarrotada y estéril.

La periferia de nuestra vida
que no pudimos prever
que hicimos
que se hizo
y que va y viene
con nosotros.

El centro de nuestra vida
es lo que vale.

(inédito, en *Poesía completa*)

Osvaldo Lamborghini

Nació en Buenos Aires en 1949. Su primer libro, *El Fiord*, circuló clandestinamente, adquiriendo un estatus mítico en los medios literarios argentinos. En los años setenta estuvo vinculado a la revista *Literal*, donde publicó varios poemas. Vivió en Barcelona durante el período de las dictaduras argentinas, y falleció en esa ciudad en 1985. Libros de poesía:

El Fiord, Buenos Aires, Ediciones Chinatown, 1969.
Sebrengondi retrocede, Buenos Aires, Ediciones Noé, 1973.
Stegman 533'blah y otros poemas, Buenos Aires, Mate, 1997.
Poemas 1969-1985 (edición al cuidado de César Aira), Buenos Aires, Editorial Sudamericana, 2004.

MÁS BOLITAS DE MERCURIO

2

Sigue el dogma de mis apariciones

En todos los púlpitos de cedro
hoy han crecido rosas
tañen las campanas
y se tipean casorios
Que el semicírculo se vuelva círculo y el poeta teólogo
somos una sola corrupción
le dije a mi mujer
y ahora vendrá la paz del odio calmo
en habitaciones en rigor separadas
El padre Carlos me lo había dicho confidencialmente
que alimentamos carroña
al infligirnos este matrimonio
pero yo le contesté que el odio
el odio es un sacramento
y que ya no puedo permitirme el lujo de no poetizar
raspar la obra con la inocencia de un monje
harto de chirinadas de paganos
El padre Carlos fuma
Yo también fumo
Los dos tenemos los dedos amarillos
El arte tenía que terminar así
Estrangulado a lo gallina por un cura y un psicólogo

Y sexo mediante
　　además
　　la gente anda confusa
　　como...
　　¡bah! las preguerras plantean este tipo de problemas
　　y si el arte es siempre un happy end
　　el sacristán ¡aleluya! ya ha tomado sus precauciones
En Treblinka todo marchaba a la perfección: como erecto
　　lo exige Cristo desde su cruz

Cristo fuma
Tira la colilla y un centurión
Le da la última patada
Entre el garrón y el milagro

　　　　(de «Poemas 1969-1979», en *Poemas 1969-1985*)

Envuelto en una paz apocalíptica
el tipo miraba la cocina,
las hornallas, el fuego encendido:
la cocina, empapelada ciertamente
con hojas o páginas
de diarios y revistas.
Él no había merecido la estrella de la mañana,
eso es claro, y no era (ni siquiera)
el primogénito de la muerte.
La vida pasaba como un lago.
Las orillas tensas, el centro mudo.
Agua ciega, pobre y cercada.

Aquel que ayer nomás decía
tomaba ahora mate eternamente
y leía novelas de vampiros.
Televisión y fármacos: la perfección
quedó en anhelo.

Renacerá el amor con la próxima guerra.
Y en un entonces sin entonces,
con un Dios pifio que siempre tarda,
entonces se apoyará en sus muletas
y abrirá el pico como una gaviota
y derribará las puertas del paraíso,
antesala del infierno.

(de «Poemas 1969-1979», en *Poemas 1969-1985*)

Mi tema es la matanza
es claro: la matanza,
y no importa
nada y para nada
a qué muerte me refiero
ni de qué
muertos hablo, menos aún
si la guerra como efecto de la matanza
o a la inversa (estas minucias,
no tengo tiempo).
Pienso en mi mirada.
En qué campo de batalla nacieron mis ojos
y allí se estrenaron
para ver así,
y mirar de otro modo.
Como si hubiera modos.
Mentira es la palabra

La palabra mentira,
¿por qué no enredarnos?

(de «Poemas 1980», en *Poemas 1969-1985*)

RASCHELLA IN THE NIGHT (para Sergio Rondán)

Ese sofisma —tu alma— no te lo devolverán nunca.
Lo robaron robándolo, lo robaron
ladroneándolo —y escribiéndolo.
Ese sofisma ha muerto para que estés vivo
(«Dios mío, lo horrible»).
Y las mujeres no hablan de Miguel Ángel.
Quieren acercarse al pibe, a Rimbaud, pero
no: no hay tiempo, ¿o está muy lejos? («Dios mío,
lo horrible»). Alfred Jarry Phinanzas, ministro de
Economía y su candela verde, pábulo no hubiera, no habría dado
a tanta catástrofe.

Estrofa.

No van a venir a enseñarme ahora a poner las cosas en su
                                         [debido
lugar (¿a mí?)
Lo que digo («Dios mío, lo digo») horrible.
Y semanas, no sememas, y meses y años. Un día.
Un día día.
Se acaba el cuenco de las manos: puf, agotado.
Morir es una flor.
El clavel del aire.
Clavado en su aroma y ex, ex tinto.
Si los maestros no quieren enseñar, debo hacerlo yo.
Y si lo digo, día. Ah..., lo horrible:
mi Dios mío.
Seis antorchas encendidas en una habitación vacía y
                                         [golpeando
   (todavía más) todavía más la blanca
   luminosa enceguecida
   cal del muro.
quise mi templo y lo tuve, así
   (como quiere a mi Dios y lo tuve)
no: jamás minúsculas.

Estrofa

Ese silogismo (igual: estoy harto).
Que los hombres, Sócrates, sean mortales.
Que los perros relámanse avec la teoría
—o la Doctrina.
«Pero, ¿cómo hay que robar?»
—Dios mío: robando,
robando.

29 de octubre, 1980

(de «Poemas dedicados 1980», en *Poemas 1969-1985*)

Ibas, ibas tonto por
    la lengua y basta
        que tanta
Confesión cansa: ras
    a oscuras por la lengua
    que se mueve con los ritmos
De la
    sangrienta Luna
    ¿un alfanje, un islam?
Mentira, mentira: hoy
    basura y árabe
    son
    sinónimos
Son, son
    sonajero
    debe (bebé)
Par odia de
    nuestra infamia

(de «Poemas 1983-1985», en *Poemas 1969-1985*)

A los que les va bien en la vida
algo les va muy mal, horrible.
Más bien quisieran. Son suicidas.
Administran la ideología, lo sensible,
Tienen ánimos, poder y dinero
para tramar el desastre,
pues si el bien les va no pueden, chapuceros,
traer el mal: eso es indecible.
Siglos de arrastre
reponen ese sofisma.
No hay matarife que lo castre.

(de «Poemas 1983-1985», en *Poemas 1969-1985*)

Si ahora no deja la cama es porque
tiene los cigarrillos cerca

ALBERTO SZPUNBERG

Una pérdida de tiempo es el cielo
    el Infierno también.
Cosas del abuelo
comisario, y del retén
y de ta
ten
contén.
Simulas la locura, ese déjà-vu

(de «Poemas 1983-1985», en *Poemas 1969-1985*)

Arrastraba su pie lisiado
El Uva Benavides.
Va porque el pánico se lo pide
A su terapia hospital, grupo *Quebracho*,
Lo dirige un doctor trasnochado,
Tortuoso adicto a incomprensibles lides:
A cada paciente que leva
Le exige que no beba...
Porque es un borracho

Como si fuera poco
Ese apellido que lleva
—*Ven a vides*—
Se apuntó con ese macho
Diplomado para calmar amebas.
Para mí que *El Uva* está loco.

Cuesta aguantar a ese abstemio
Converso (también en mamarracho).
Guiado por el olor de las copas
Viene a visitar al gremio
Para lucirse con su nueva ropa

Pronto te irás al tacho
Rengo de mierda...
¿Te crees que los traidores tienen premio?

Me hizo caer como una opa
En la barra de «La Mosca Lerda».
Con mi vaso de aguardiente
Involuntario le hice un gesto de amigo,
—¡Pero qué alegría verte, Benavides!—
Y perdí hasta el ombligo:
Con el rayo mortal de su izquierda
Me dejó sin dientes.
Aullaba: —¡Hijo de puta, no me convides!

(de «Poemas 1983-1985», en *Poemas 1969-1985*)

Susana Thénon

Nacida en Buenos Aires en 1935, Susana Thénon pertenece, junto con Juana Bignozzi y Alejandra Pizarnik, a la llamada generación de los sesenta. Hija del conocido psicólogo Jorge Thénon, sufrió de una enfermedad psíquica que la obligó a recluirse en la oscuridad. Falleció en Buenos Aires en 1991, a la edad de 56 años. Libros de poesía:

Edad sin tregua, Buenos Aires, Ediciones de la Cooperativa Impresora y Distribuidora Argentina Ltda., 1958.
Habitante de la nada, Buenos Aires, Ediciones Thiriel, 1959.
De lugares extraños, Buenos Aires, Colección Carmina, 1967.
Distancias, Los Ángeles, Buenos Aires, Torres Agüero Editor, 1984.
Ova completa, Buenos Aires, Editorial Sudamericana, 1994.
La morada imposible, Buenos Aires, Ediciones Corregidor, 2 vols., 2001.

POEMA

Vida: tírame una moneda.

(de *Edad sin tregua*)

MUNDO

Éste es el mundo en que vivimos
los mendigos buenos aires siglo veinte
junto al humo descalzo
flotando sin alas sobre los techos
efímeros como pastillas de chocolate
inútiles como pájaros huecos.
Éstos son nuestros rostros que se caen a pedazos
mientras el sol emigra cansado de mirarnos
y el frío nos celebra con su fiesta de muerte.
Pero yo no quiero este sino de espantapájaros:
mi olfato busca afanoso el olor de la alegría
y mi piel se agranda cuando digo amor.

(de *Habitante de la nada*)

AMOR

Ahora conoces lo que silba la sangre
de noche
como la oscura serpiente extraviada.

(de *Habitante de la nada*)

¿En qué es menos Aquiles que una rosa?
El hado los hizo crecer
con gloria,
les dio la inmortalidad, la ruina,
la caída y el rumoroso cielo.
Y sin prisa tomaron su minuto,
su luz, su espeso vino, su cólera.
Juntos se yerguen —alta sombra—
toda vez que labios humanos eligen.

(de *De lugares extraños*)

En lo imposible también hay casas.
El simple respirar, un latir,
van siendo el progresivo tesoro
que descubrimos.
En vano brilla entonces
la fiesta de otras horas, los comensales
se han dormido en sus puestos,
herrumbre, sol ajado
en sus cuevas torna a salir.

Más alto andaba el mar
que sus murallas.

(de *De lugares extraños*)

Fuera del hecho natural de sembrar
sorprender los progresos del crecimiento nocturno,
toda flor es ilusoria.
Los nombres pasan de largo
y se interesan por los muros y por los muertos
y los llaman jardín, olor, pasionaria.
Pero la flor tiene su realidad, su casa,
su desesperación, su temblor sin niño.
y es por dentro densa y triste.

(de De lugares extraños)

12   edipo

el abrazo el abrazo en la tarde
qué inmortal he sido
y qué poco lastima el porvenir extranjero
esta piedra sin descanso eras eterna todavía
eras lo último y primero y nada
y nada sino sol tu mirada mi ceguera
sol para siempre ayer y anochecimos
y el abrazo era el mar

la noche

(de Distancias)

34

abres sí túnel
de claridá rabiosa entretienes
al ser del sueño

no es el camino es la flecha
equivocada
el animal sangrante y
futuro

(de *Distancias*)

ARS ERRANDI

del sana al locu
del locu al colu
del colu al escri
del escri al mingi
del mingi al dormi
del dormi al sana
del sana al vela
del vela al crema
del crema al purga
¿qué es esta historia?
¿qué es esta histeria
de trayectoria?

cuán irrisorio

todo tu viaje
termina en -torio

14/15-XII-86

(de «Poemas inéditos II», *1981-1982*)

Jorge Aulicino

Nació en Buenos Aires en 1949, ciudad en la que vive actualmente. Además de poeta es periodista. Se desempeña como columnista en el diario *Clarín* y subdirector de la revista *Ñ* del mismo diario. Fue miembro del consejo editor del *Diario de Poesía*. Tradujo a numerosos poetas italianos, entre ellos Guido Cavalcanti, Eugenio Montale y Umberto Saba. Del inglés, tradujo poemas de John Keats. Edita el blog *Otra Iglesia es Imposible* a la manera de un periódico de poesía digital. Libros de poesía:

Vuelo bajo, Buenos Aires, Ediciones El Escarabajo de Oro, 1974.

Poeta antiguo, Buenos Aires, Ediciones Botella al Mar, 1980.

La caída de los cuerpos, Rosario, Ediciones El Lagrimal Trifurca, 1983.

Paisaje con autor, Buenos Aires, Ediciones Último Reino, 1988.

Magníficat, Buenos Aires, Ediciones Mickey Mickerano, 1993.

Hombres en un restaurante, Buenos Aires, Libros de Tierra Firme, 1994.

Hombres en un restaurante, Buenos Aires, Libros de Tierra Firme, 1994.

Almas en movimiento, Buenos Aires, Libros de Tierra Firme, 1995.

La línea del coyote, Buenos Aires, Ediciones del Dock, 1999.

La poesía era un bello país. Antología 1974-1999. Prólogo de Marcelo Cohen y reportaje de Jorge Fondebrider. Buenos Aires, Libros de Tierra Firme, 2000.

Las Vegas, Buenos Aires, Selecciones de Amadeo Mandarino, 2000.

La luz checoslovaca, Buenos Aires, Libros de Tierra Firme, 2003.

La nada, Buenos Aires, Selecciones de Amadeo Mandarino, 2003.

Hostias, Buenos Aires, Ediciones del Dock, 2004.

Máquina de Faro, Buenos Aires, Ediciones del Dock, 2006.

Cierta dureza en la sintaxis, Buenos Aires, Selecciones de Amadeo Mandarino, 2008.

RIMADITO

No se puede escribir con un revólver en el cabeza,
más vale escribir con un revólver en el cintura.
Alcemos la torre con flaqueza, con mal de dientes,
dolor, premura.

Ah todos morirán, morirán deslumbrados
ante la luz de la muerte, la certeza
de haber vivido apuntalados
por escaso fervor, por pena dura.

(de Poeta antiguo)

HOMBRES EN UN RESTAURANTE

Habla del modo en que los sucesos políticos
van modelando su temperamento o al menos
las manifestaciones externas de su espíritu.
Dice que no se afeita ya de la misma manera.
Me resisto a creer que algo tan exterior
pueda modelar el espíritu
o siquiera sus manifestaciones externas.
He bajado una escalera que bajé otras veces, de joven.
Es la escalera de este restaurante,

que conduce a los baños del subsuelo.
No estoy seguro de haber sido feliz cuando bajé las otras veces.
Sin embargo, bajar de nuevo esa escalera me puso bien.
O quizá no deba decir «de nuevo».
Lo único seguro es que mi dicha momentánea
tuvo que ver con bajar la escalera.
Le pregunto si eso tiene relación con la política.
Me responde que, en un sentido amplio, sí.
Me dice que, políticamente, soy un hombre inconveniente.
Alguien que se pone feliz al bajar una escalera,
por razones inexplicables, pero con seguridad internas,
no es un tipo al que se le pueda confiar una ejecución.
«Esencialmente», dice, «sos un tipo político.
Yo no lo soy. Esas alteraciones en los ritos lo prueban».
Pienso en la lluvia en el campo y admiro a mi amigo
Que puede escuchar el sonido de otro océano.

(de *Hombres en un restaurante*)

HACIA EL MAL

Aquellos que se acariciaban bruscamente
sobre la mesa del recreo junto al Río.
Habían llegado en una vieja moto,
era fácil confundirlos con el mal.
Pero no era el mal por lo que aparentaban
con las camperas raídas y el olor a la nafta
en combustión y a los ruidos profundos de la máquina.
Si atravesaron toda la provincia en moto,
cualquiera hubiese apostado
que no se habían extasiado
ni intentado hacerlo con el vuelo de las garzas
a las orillas de la ruta,
ni con la vida del pantano,
ni con el movimiento del pasto bajo el viento.

Del mismo modo, tampoco los arroyos químicos
los inquietaron,
ni la basura en el bosque,
ni los neumáticos junto a los arroyos.
Esos ángeles insensibles partieron la naturaleza
por el asfalto. Fueron perfectamente equilibrados
sustentándose en su propia velocidad
y en la vida de sus cuerpos.
Y con lo que no habla no hablaron.

(de *La línea del coyote*)

LA LUZ CHECOSLOVACA

Oxidada la artesanía, la calle bajo taciturna luz, la que pelea
                        [con su origen;
difusa pero empeñada en que fue más o puede serlo.
Cruje la puerta que se abre lentamente al pasillo con vieja
                        [alfombra,
allí donde se produjo la séptima aparición de la Virgen.
La ve, mientras la vecina nonagenaria pasa con la chata
de su centenaria vecina a la que cuida devota, como hermana.
Oh señor, he creído. Oh señor creo aún si lo deseas.
¿No es cierto que la intensa circulación y la gula son una
                        [misma cosa?
¿No es verdad que los bajos tonos corresponden a los eternos
                        [imperios?
Lo dicho: he visto tu rostro en sartenes oscuras en despojadas
                        [cocinas.
Y lo he visto bajo el escaso resplandor azulado del
                        [supermercado vecinal.
No lo he visto en el shopping, Señor. No lo he visto en el
                        [casino.
Señor, por alguna indicación tuya sorprendida en un libro
                        [comercial,

he amado los días nublados y el desierto en las palabras.
Pero me condenaste a amar la verde lechuga y la carne fresca,
en tanto miraba a actores de gestos invernales en el
                                        [Actor'Studio.
Déjame creer en la letanía de las piedras y en el puchero casi
                                        [incoloro.
Dulces son el cielo y su vértigo sobre plantas cuyo verdor
                                        [oscurece.

                         (de *La luz checoslovaca*)

6

¡Oh Dios, mira mi corazón!* La maraña devastada y el páramo.
Un espíritu intermitente lo anima, se diría, y se sacude
el hollín, el polvo de las masacres, la sombra que lo sedujo
                                        [y secó.
Cada mañana y cada tarde, cada noche, hicieron su labor,
venciendo la crisálida de seda
cuyo sueño se alimentó de un fulgor retrasado.
¡Ah el gusano aquel! Ahora, despiertas con un rastro de sol.
Entre todos los colores, uno te atrae, absurdo y vital.
Y en las rocas cariadas que sostienen la flor blanca
tu mirada reposa.

                         (de *La luz checoslovaca*)

* Ricardo Molinari

III-COMMUNIO

4

Incensar la tarde con lo que apronta el corazón.
El corazón, como el muelle donde andan, dormidos,
raros marsupiales. O el tipo aquel, de la bufanda.
Y el corazón, donde un rostro de mujer camina,
hecho de humo en alborada, allá, contra un cielo
poroso aún, esponjado: espalda de desierta mañana.
El corazón con el crujido de un mueble o de un libro.
El corazón, la palabra lavada.

Incensar la tarde, limpiar el rincón, tender la cama.

(de *Hostias*)

5. ALGUIEN SUEÑA

Se los siguen llevando a la guerra, y los devuelven por gotas.
Los llevan a pelear sobre un gramo de sal,
contra un enemigo que multiplica las sombras.
Si regresan vivos, traen en sus oídos
la plegaria oscura esparcida por las rocas,
por las ciudades amarillas y perdidas.
Les dicen que van a pelear por esto y por lo otro.
Y ellos quieren volver para bailar en lugares atestados.

(de *Hostias*)

NOTA: EL TEUCO LEE A UN POETA IRLANDÉS

Desde arriba hace dos o tres mil años,
esta planicie plagada de pensamientos
se vería como una prístina heredad.
El que ahora es Río de la Plata
haría sonar su campana seca.

Cómo funciona el pensamiento
aquí puede verse,
en la vibración de los vidrios
por el tráfico,
en las páginas abandonadas
sobre los muebles.
No cantes hermano;
ha de haber una simetría entre
la áspera respiración de la cultura
y nuestras almas que en este instante
dan vueltas sin encontrar apoyo
aun cuando a su disposición tienen el perchero
y otras líneas salientes de la habitación;
como
si ellas vieran una realidad distinta
o la ausencia de realidad absoluta.

(de *Máquina de Faro*)

EL CONDENADO

Quisiera hacer un experimento conmigo mismo,
dijo el viejo farsante.
Todo experimento será nulo, porque te has dedicado
a mentirte con empeño.
Todo experimento será de resultados falsos,
montado como estará sobre falsas premisas.

Dije, y miré sus ojos de ensoñación.
Tengo derecho a decir, dijo después de un rato,
que comí una vez junto a un piano desvencijado
y vi en la ranura entre la tapa y el borde del piano
una pequeña virgen fulgurante, como un hada
pequeña, una visión, digo,
y cierta vez pude ver una especie de pájaro
graznando y aleteando en círculos sobre unos galpones,
iba y venía desde los galpones a un descampado,
inquieto, en la paz oxidada de esa siesta,
como si quisiese dar aviso a alguien sobre algo
que yo no alcanzaba a percibir en toda su extensión.
Tengo derecho a decir que comí en un restaurante decadente,
bajo grandes cirios, melancólico y sabio,
aunque mi amiga era una cajera de supermercado
que, creo, entendió el guiño.
Ésta es la música de cada uno
en su horrible falsedad.
Mi experimento consiste en negarlo
y aparentar que vivo sin música ni enigma.
El resultado evidente será otra mentira, dije.
Como una especie de pájaro que quisiera dar aviso de algo
cuya extensión se me escapaba,
chillaron sus ojos atrapados en el teorema mortal.

(de *Máquina de Faro*)

NOTA: EL VIEJO

En su vejez piensa
el narrador
cuando se dice que sus hijos
se perderán en un mundo muelle,
no conmovido por el estupor de la letra,
arrastrado por el agua de las lluvias

que nada significarán para ellos,
como para él la lluvia sobre Filadelfia «significa».
Preocupado por el corazón de su descendencia,
que yacerá, oscuro, en un cántaro arruinado,
y por las maquinarias poderosas que barrerán
en el centro comercial vestigios de aquellos latidos,
oscurecido él, prematuramente, por hijos que no tuvo,
piensa sólo en él, y a quien no sabrá leerlo
condena de antemano.

(de *Máquina de Faro*)

LA PRESENCIA FÍSICA

Está cantando, pero hay que decirle
que la medición del tiempo es imposible.
Ha huido de los segundos y las horas
en un acto erróneo que puede costarle caro.
Que mire la calle cuando sale,
que crea en el milagro de ese instante
que es puro azar: se debe a cierta benevolencia
del clima que podría destruir los objetos grises,
el perro echado en la puerta del taller mecánico.
Que mire su reloj: no mide el día,
no mide ese edificio, el árbol ralo.
Mide una ignota circunstancia que no puede llegar,
que está ocurriendo, que golpea en su esfera,
como barcos que se estrellan en los acantilados.

(de *Máquina de Faro*)

Cierta dureza en la sintaxis indicaba la poca versatilidad
de aquellos cadáveres; el betún cuarteado de las botas
y ese decir desligado del verbo; verbos auxiliares,
modos verbales elegantemente suspendidos, elididos,
en la sabia equitación de una vieja práctica.
¿De qué hablás, de qué hablás? Pero si fue ayer...
Fue ayer... Estabas frente al lago de ese río:
qué lejana esa costa, qué neblinosa y mañanera.
Lo tenías todo, no te habías arrastrado en la escoria
de las batallas perdidas antes de empezadas,
no andabas en el orín de estos muertos...
Lo comprendo, no era el Danubio, era el Paraná
que marea porque viene del cielo cerebral, pero aun así...
¿Se justifica la alegre inacción, el pensamiento venteado?
Abeja: la más pequeña de las aves, nace de la carne del buey.
Araña: gusano que se alimenta del aire. Calandria: la que
canta la enfermedad y puede curarla. Perdiz: ave embustera.

(de *Cierta dureza en la sintaxis*)

Diana Bellessi

Nació en 1946 en Zavalla, provincia de Santa Fe. Se licenció en Filosofía en la Universidad del Litoral. Recorrió el continente americano entre 1969 y 1975. Durante dos años coordinó talleres en cárceles argentinas. Es traductora. Ha recibido varios premios y la beca Guggenheim de poesía así como la beca de la Trayectoria de las Artes de la Fundación Antorchas. Vive en Buenos Aires. Sus libros de poesía son:

Destino y propagaciones, Ecuador, Casa de la Cultura Ecuatoriana, 1970.
Crucero ecuatorial, Buenos Aires, Sirirí, 1981.
Tributo del mudo, Buenos Aires, Sirirí, 1982.
Danzante de doble máscara, Buenos Aires, Último Reino, 1985.
Paloma de contrabando, Buenos Aires, Torres Agüero Editor, 1988.
Eroica, Buenos Aires, Libros de Tierra Firme / Último Reino, 1988.
Buena travesía, buena ventura pequeña Uli, Buenos Aires, Nusud, 1991.
El jardín, Rosario, Bajo la Luna Nueva, 1993.
Sur, Buenos Aires, Libros de Tierra Firme, 1998.
Mate cocido, Buenos Aires, Grupo Editor Latinoamericano, 2002.
La edad dorada, Buenos Aires, Adriana Hidalgo Editora, 2003.
La rebelión del instante, Buenos Aires, Adriana Hidalgo Editora, 2005.
Tener lo que se tiene, en *Tener lo que se tiene. Poesía reunida*, Buenos Aires, Adriana Hidalgo Editora, 2009.

VII

Comimos pescado
y un racimo de mangos dulces, anaranjados.
Después apareció el muchacho esbelto
parecido a un novio que tuve a los diecisiete años.
Esa noche hicimos el amor,
mientras me hablaba de los calamares lentos
rosados
que nadan juntos
en la profundidad dorada del mar Caribe.
Allí nos hicimos el amor.
Era biólogo marino y temía,
me parece, perder dignidad, estatus.
Se escabulló del dormitorio temprano
y estaba frío después del desayuno. No quiso
fumar mariguana con nuestro amigo negro
que venía de Tanzania. Lo perdí alegremente,
sin nostalgias. Cuando cruzamos las salinas
yendo a Santa Marta desde Río Hacha,
y vi las espaldas, las cabezas envueltas
de los peones guajiros paleando sal a media mañana,
se me hizo un nudo en el pecho,
y en él guardé, como quien lo hace en un pañuelo,
la camiseta colorada del gigante negro,
los calamares flotando en la oscuridad dorada.

(de *Crucero ecuatorial*)

VIII

Nunca olvidaré a la Antonia
parada en medio del camino,
con su manta guajira negra,
su silencio y aquella forma
en que me miraba.
En el pueblo de Uribia
con todos hablé, menos con ella,
a quien más deseaba.
Antes de partir hacia Cabo de la Vela
me dio por saludo, a mí,
pequeña vagabunda americana,
estas palabras:
        —*Yo no me saco mi manta.*

No te la sacás, Antonia,
me repetía, entre los barquinazos del camión,
las latas de gasolina, las cabras;
No te la sacás,
no te vas de tu tierra, ni de tu raza.

                              (de *Crucero ecuatorial*)

XXI

En Costa Rica
había un viejísimo
y mísero flautista
que por su levedad
se deshacía en los umbrales.
Jamás hablaba
ni le hacía un gesto al mundo,
a nadie.
Un día le dije: *Adiós Maestro,*

y me miró,
y se sonrió en la calle.
Esa noche
soñé magníficos
misteriosos instrumentos musicales.

(de *Crucero ecuatorial*)

PRIMAVERA

Un pato biguá
deja su estela de plata.
Ramón cruza a remo
como oficiando misa en el agua.
Él es el símbolo, la clave.
De espuma que se borra,
de espuma la canoa
donde el Mudo
despliega su canción.

(de *Tributo del mudo*)

¿HAS MEDIDO EL TIEMPO DE TU CORAZÓN?...

¿Has medido el tiempo de tu corazón?
Esa rosa inmensurable que se pierde
cada día por ausencia de mirada
por dejarla, denegada y ganar el
tiempo: escoria que lo pierde. Misterio
renovado llena la fuente al instante
que rebosa, de la rosa nuevamente
la conciencia. ¿Has medido el tiempo de

tu corazón? Cuando el benteveo en su
esplendor de siena y amarillo posa
sus patas sobre la rama de ahuacate
y aletea: la escena es una ofrenda
de naturaleza viva en el minúsculo
artificio de la casa ciudadana
Lo que no es propio ni es ajeno: por música
se revela regulado el corazón
como rosa infinita a la conciencia

Es lo que persiste aunque no lo miremos
y aparece con el signo de lo eterno
Gracia inaudita vive en ti un poco menos
quizás, que en el resto de las cosas vivas
y un poco más, en la dicha de nombrarlas

Oh Señora, la sabiduría es tonta
Acrisolado y hondo ojo del benteveo
que llega al patio para comer la fruta
borravino de la lantana. ¿Hubiera
podido salvar a la lombriz que observo
agonizar en el pico de su dueño?

Goce terrible de la necesidad
suspende mi mirada, y lo contempla
No tocar es hábito contra natura
de mi especie. Llevarme qué: una víscera
espejeada del Osorno para muestra
en los cuartos de la casa. Cuando la
así en mis manos quemada. Ella habló
y fue la voz de los repliegues de toda
la cordillera. Traté de abandonarla
y no pude. Me acerqué a la boca del
cráter temblando con esa piedra. ¿Has
visto la boca de un cráter? La hondura
negra se ofrece ornada de helecho y musgo
donde los pájaros se posan. Edén
irresistible del retorno. ¿A mí

o a la piedra a quien deseé lanzar, reparo
de aquel desgajamiento? ¡No!, gritó, aún
no es tiempo y lo hecho, hecho está. Suave luz
de la tarde en las cordilleras del sur
Un mundo sin nombre para lo propio y
tatuado por los nombres de lo ajeno
Qué pavor me tocó en ese instante no
lo sé. ¿O fuera lo buscado, aquello
que me hizo ir?: voz de la piedra viva
desgajada por volverse signo de
esa belleza integrada del torrente
azul y verde: saltos del Petrohué

Oh Señora, la sabiduría es tonta
y nada pierde ni gana el corazón
No hay conquista de la tierra si a la tierra
solos, como un alma a solas se retorna
Con la magia de los antiguos marco
un altar. Piedras del sur, y piedras
del norte, piedras que hablan de las laderas
o bajo el agua. Caminar la tierra y
tocarla, Mahatma Kiepja gran alma,
he aquí tu herencia

(de *Sur*)

HE CONSTRUIDO UN JARDÍN...

He construido un jardín como quien hace
los gestos correctos en el lugar errado.
Errado, no de error, sino de lugar otro,
como hablar con el reflejo del espejo
y no con quien se mira en él.
He construido un jardín para dialogar

allí, codo a codo en la belleza, con la siempre
muda pero activa muerte trabajando el corazón.
Deja el equipaje repetía, ahora que tu cuerpo
atisba las dos orillas, no hay nada, más
que los gestos precisos —dejarse ir— para cuidarlo
y ser, el jardín.
Atesora lo que pierdes, decía, esta muerte
hablando en perfecto y distanciado castellano.
Lo que pierdes, mientras tienes, es la sola compañía
que te allega, a la orilla lejana de la muerte.

Ahora la lengua puede desatarse para hablar.
Ella que nunca pudo el escalpelo del horror
provista de herramientas para hacer, maravilloso
de ominoso. Sólo digerible al ojo el terror
si la belleza lo sostiene. Mira el agujero
ciego: los gestos precisos y amorosos sin reflejo
en el espejo frente al cual la operatoria carece
de sentido.

Tener un jardín es dejarse tener por él y su
eterno movimiento de partida. Flores, semillas y
plantas mueren para siempre o se renuevan. Hay
poda y hay momentos, en el ocaso dulce de una
tarde de verano, para verlo excediéndose de sí,
mientras la sombra de su caída anuncia
en el macizo fulgor de marzo, o en el dormir
sin sueño del sujeto cuando muere mientras
la especie que lo contiene no cesa de forjarse.
El jardín exige, a su jardinera verlo morir.
Demanda su mano que recorte y modifique
la tierra desnuda, dada vuelta en los canteros
bajo la noche helada. El jardín mata
y pide ser muerto para ser jardín. Pero hacer
gestos correctos en el lugar errado
disuelve la ecuación, descubre páramo.
Amor reclamado en diferencia como
cielo azul oscuro contra la pena. Gota

regia de la tormenta en cuyo abrazo llegas
a la orilla más lejana. I wish you
were here amor, pero sos jardinera y no
jardín. Desenterraste mi corazón de tu cantero.

(de *El jardín*)

LA BELLA DESCRIPCIÓN

Día tras día sobre esta rústica
mesa de madera escribo, miro
las hortensias primero, virar lentas
hacia el violeta, las suntuosas hojas
del banano después y un alud,
un velo de verde en el espacio
cortado por los pájaros, por tenues
mariposas y avispillas, todo
vivo, respirando. Aérea galería
que me ata al cuerpo del Edén
y desata. El colibrí en la flor
del guineo al que ahuyenta un mangangá,
el delicado capullito blanco
de las arvejillas cuyas semillas
hace tanto tiempo me dio mamá;
una cigarra extrañamente quieta
haciéndome creer que ella no está
Ilusión, y tu ausencia. Ardua tarea
disimulada en belleza. El chin
chin de los bambúes meciéndose
en el techo, y día tras día esta avispa
que me ronda, que me orla la cabeza
para entrar después por la ranura
del alféizar que deja el tejido
mosquitero en la ventana. Trabaja
Su casa de barro crece aferrada

al marco. Cuánto demora en salir,
hallar la ranura al abierto espacio
Lugar seguro cree que es la inocente
La dejo. Porque amo nuestro diálogo
diario, nuestro trabajo compartido
Sin embargo cuando me vaya ¿qué
pasará? Cerraré la ventana y
su casa quedará aprisionada
Ah cadena de las causas. Belleza
cubriendo siempre la herida abierta
Los actos puros son actos ¿de fe
o de convivencia?, en el cuidado
de hoy no está inscripta la visión
de mañana. Servicio es la atención
de los santos, o abdicación del ser
Sólo soy testigo en la tensión
purísima de contemplar. Se vuelve
impura, casi narcisista inercia
del deseo acomodado al ideal
Tocar es el arrojo que nos vuelve
responsables. Libre albedrío al fin
te entiendo, veo tu significado
y veo la grandeza y la desdicha
¿o el esfuerzo de intentarlo?: vivir
bajo las propias reglas que son siempre
tan propias como ajenas en la vasta
adquisición humana nos obliga
a actuar los enunciados, quebrar
la encantada descripción del mundo
que armamos como si sólo fuéramos
lenguaraz de Dios y él, el único
responsable. Ayuda mutua avispita,
no lo olvidaré, y llegaré hasta
donde pueda abrazando mi fe, errática
como la de Pedro mi piedra es
el poema. Ahora sí, no creas
que no escuché, en tu cama de hospital
niño mío, sos mi zarza ardiente

No puedo decirle no a lo que viene,
caracolillos o todo aquello
que te irrita, pero ahora sé
es la seguridad del enunciado,
la tranquilidad innoble de quien
contempla lo que cuestionas, o vaya
a saber qué, felicidad tal vez
de la mirada melancólica y
enamorada siempre, el privilegio
de ver pasar el tiempo, bienestar
dolido y dulce que te es negado
¿En los días de la vida, en la página
en blanco? No sé. Esa justicia íntima
del noble pequeño burgués. Limpieza
de alma acorde con su panza llena
me ata al cuerpo del Edén, actuar
los enunciados me desata como
esta avispa compañera, luchando
por hallar la ranura del alféizar
que deja el tejido mosquitero
en la ventana. ¿Lo ves?, la metáfora
de Natura es ardua, no nos da tregua
tampoco, si rozamos el armado
de la bella descripción. Diferencia
parece consistir en saber qué
se hace, para qué, dulce incertidumbre
del lirismo al decir sí, y no
al mismo tiempo. Qué importa frente al
dolor agostando el cuerpo, niño
mío. Importa sólo el gesto
de aliviarlo, en mí, en vos. Pan
y sentido parecen ser la misma
cosa. ¿Efecto o causa de la fe?
Amor es la coartada, un acto
siempre impuro porque toca, al otro
y vuelve a mí. Inhóspita piedra
del alero donde ya no miro a
las hortensias primero, virar lentas

hacia el violeta, estoy en el concierto
y soy dueña, en minúsculo espacio
del horror o la belleza de afinarlo,
y también del nuevo acorde, accidente
en las fallas que el ideal impone
Todos somos piedra de toque cuyo centro
a veces se ha perdido en el océano

(de *La edad dorada*)

MILONGUITA

Acodadas en la barra
de un bar por la estación
terminal de colectivos
charlamos mi hermana y
yo de bueyes perdidos...

digo algo de unos versos
que se andan escribiendo
y su cara se ilumina,

me recuerda momentos
muy antiguos, encanto

de niña ante el relato:
así que también de eso
puede hablar la poesía,
dice cuando le cuento
que tengo mis visitas

Sí, digo, gente de antes
nítidos y vestidos
de domingo, como eran

o con lo mejor puesto
en trotecito lento

vienen a recordarme
que yo también, sabés,
me vuelvo gente de antes
Ensombrece su cara
y siento que pasa el ángel

de la muerte, es decir
el tiempo, vuelto puro
resplandor y recuerdo

al principiar y después
noche, sólo silencio

Mi padre me enseñó
hace ya algunos años
a caminar tranquilos
por el pequeño y amable
cementerio del pueblo,

parándonos en frente
de las tumbas con cierta
rememoración, era

la gente de su vida
y para mí un eco

Pero me voy volviendo
yo también, cosa tierna,
la fila de los que entran
al umbral de recuerdos
tan soleados y dulces,

no da miedo quisiera
decirle a mi joven
hermana, así nomás

te llega con anuncios
extraños al principio

y luego, hay una fe
que celebra el polvo
en reverbero, esto
fuimos para seguir
siendo en la única

memoria que cuenta...,
allí donde nos dimos
como ahora, vos y yo

(de *Mate cocido*)

Ana Becciu

Nació en 1948 en Buenos Aires. Realizó estudios de Letras en la Universidad Católica Argentina. Ha vivido en París, Londres, Roma y Viena. En 1976 llegó a Barcelona. Es traductora profesional. Vive entre Francia y España. Libros de poesía:

Como quien acecha, Buenos Aires, Ediciones de la Flor, 1973.
Por ocuparse de ausencias, Buenos Aires, Ediciones Último Reino, 1983.
Ronda de noche, Barcelona, Taifa, 1987.
La visita, Barcelona, Editorial Bruguera, 2007.

Ah, rostro mío,
cómo te amaba el tiempo
cuando eras
antes del gesto
un niño breve,
ungido
en la rara melodía
de los ecos.

Y ahora,
después del gesto,
el esfuerzo
de ser
la voz
de un largo silencio
para alcanzar,
vacío,
tu forma
de miedo.

(de *Como quien acecha*)

Dirá que fue la noche
la noche la vida la noche
la atroz locura de amar el sueño
la palabra
la ardua labor de imaginar los signos

a Olga Orozco

(de *Como quien acecha*)

Es la tierra, la tierra y esta noche, y este cuerpo abierto, inacabado. A mí me he dicho que he de darle forma.

Cada vez que un cuerpo se extiende a su alrededor, se produce un contacto, el imperceptible estallido del amor. El dolor es agudo, tenaz. Y el horror. El deseo de otro. Penetrar un cuerpo es penetrarse y al mismo tiempo sustituirse, perderse.

Ella salió de sí y tropezó con la otra.

Algo, que tal vez esté más atrás, nos lleva a encontrar y a reconocer a otro, semejante.

Cuando ella se vio en la otra, sus ojos cayeron, despacio, en la sombra. El derrumbe de unos ojos no es otra cosa que el pasado lamiendo el sitio donde palpita eso que vamos a entregar, ahora, por la primera vez. El recuerdo de lo semejante es el recuerdo de un rostro anterior. ¿Tuyo? ¿Mío?

Hablo del amor.

La mujer, ese espacio cerrado. La otra mujer, ese otro espacio cerrado. Yo digo, un mundo cabe en la interioridad, todo un mundo que se aparta de ese otro del mundo, abierto. Silvia Plath: «¿No existe el gran amor, solo ternura?». Y sí, ternura. ¿Por qué el vacío? ¿Y el miedo a la muerte? La libertad inútil. Nuestro movimiento es angustia y placer. El placer nuestro atributo. Y el temblor. Estamos abiertas, pavorosamente sola nuestra hendidura.

Ella salió de sí y se encontró con la otra. El encuentro es

el punto de partida para descubrir que hay noche y hay alba.
Para aprender que hay pérdida.

El cuerpo se abrió y al otro lado la galería y un paisaje; la
galería y el rumor en la piedra de todas las manos que lo to-
caron; el paisaje de voces y de colores que lo dijeron. A eso
llamamos alma. Está en el cuerpo. Por eso queremos entrar.
La pérdida del cuerpo nos condena a la intemperie, es la or-
fandad en estado puro.

(de *Ronda de noche*, fragmento)

**Yo, a quien a veces llamo *ella*, porque a partir de ahora
asisto a su reconocimiento,** y que no es la otra porque no ha
sido escindida, sino que es la que convive, la que no se guare-
ce, la que habla. Y ella, a quien no daré un nombre porque ya
ha muerto, y es el ángel que habita detrás de todos los ojos
que he visto.

El amor, siempre el amor, quiero que éste sea un relato de
amor para que lo lean las niñas, las joyas del alba, las niñas,
las que un día serán abandonadas y las que un día serán aban-
donadoras. Las niñas a quienes otras mujeres llamarán muje-
res, para que sepan de dónde proviene esta pasión por descu-
brir, por colocar sobre la tierra la cara del ángel.

Es la huella del judío errante que pasa por debajo de la
piel, todavía: abrigo busca.

Las que como ella viajan deslumbradas son las más ex-
puestas al dolor de abandonar: la partida es el signo predomi-
nante en sus vidas.

La veo pasar envuelta en eso que emana de sus ojos. Ella,
la que busca sin cesar, ¿cómo vincularla al escándalo de un
permanecer?

(de *Ronda de noche*, fragmento)

«Solos, los melancólicos. Opacos, tenebrosos. Su pecado es mortal. Nunca se calentarán al sol. Ella, la melancolía, es la sombra que es. El espacio de luto. Ellos perseveran en el luto, se han entregado a sí mismos, son como animales.

Fuimos tristes en el aire dulce que al sol se alegra, llevábamos dentro los turbios vapores, y ahora nos entristecemos en este charco negro» (Dante, Canto VII).

Bilis negra, llega con el otoño, cuando la tierra se enfría y se seca, cuando la piel se pone como una carcaza y se pudre para siempre, sola, al borde de sí misma. No es miedo lo que sienten. Es desprecio. La raza de los que están solos no busca ya. Van errantes, pero no es para buscar, huyen, huyen de todos, van a sí mismos, a nadie. Y en el camino asestan su encono a la primera hierba que viste humedecerse con la mañana, la dulce, la reina de la esperanza, la que viene a cultivar una tarde, una noche. Cuídate de ellos. De ti, cuídate. Háblate más despacio, aunque no digas nunca demasiado, aunque parezca que dices demasiado, habla porque tienes miedo, habla porque no es desprecio, habla porque buscas, habla, di.

(de *Ronda de noche,* fragmento)

el deseo
no es, no,
un pájaro
todo de
fuego, no,
es

una sola
que abrasa
la tierra
ardida

(de *La visita*)

Anoche, aquí, con dos
de tus palabras
herías, herías, dos
de tus palabras,
te amo, decías,
experto, mortal.

(de *La visita*)

a Reinaldo Arenas

¿qué viene a hacer
aquí el pedazo de vida
de ganas, de hilos?

la luz huele a encierro
el día amanece seco

¿olía la luz en el bosque
donde oculto escribías?
¿a encierro olía
o a esperanza
a voces
a canto?
¿a hilo que va a romperse
ahí
en ese bosque o
Parque Lenin?
¿olía a nosotros
toda esa opaca
lenineana opacidad,
a nosotros tan
antros
haciéndonos
los desentendidos?

(de *La visita*)

a Daniel Link

**Y si a vos detrás del alambre que sosiega la tierra, te ali-
mentaran con flores, como a** los caballos, como al mediodía
y sus pesebres de alas pregoneras, si te las frotaran para darte
a sentir esa dulzura que sabés que no tienen, las flores,

y las vivanderas te hicieran el cuento, el cuento de la acróba-
ta en puntas de pie sobre el alambre, que muda baila a los pies
del cielo, del ancho cielo como una pampa lisa y lejana que
devuelve su vuelo a la calandria,

(si el resto no anduviera retorciendo así los breteles, aguijo-
neando, implacable, indiferente, la seda: forma de un alma asi-
da y poseída en una foto de mapplethorpe, boca nutriente, lu-
gar no áspero, voz de amor en un alma de néstor)

en cambio, vienen los domadores y te hablan al corazón, ha-
blan a lo grande, a la manera de un paño de larvas, con cuida-
do de no herir, y mellan con sus verbajes la creencia en el aire
y el regocijo de la maromera en el alambre,

y yo está calado, hasta los huesos del miedo, los tábanos le
zumban con dulzura, como a chancho en tierra acorralada.
—*¿Cómo dicen que te ausentás vos?*

(de *La visita*)

a Horacio de Azevedo
a Santiago Calabrese
a Chiqui Gramajo
a Elvira Serra

La noche va siendo cosa
de aflojados breteles.

La noche va siendo cosa de afligidos breteles.
Está delabrada.
Pobre noche sin aquella alba.
La tuviste. La guardaste. La cobijaste.
Y ahora, pensá un poco.
Los breteles:
nos cuelgan a vos.
Pechitos colgados de vos.
Amores redondos en los libros como pechos.
Ellos están allá.
Entre ellos.
Luchan por nosotros.
Por nosotros acá.
Acá es la zona eurocomunitaria,
eso dicen.
Hagamos de cuenta que tienen razón.
¿Y de todos nosotros qué?
Porque nosotros eurocomunitarios un cazzo.
Aparcados en la frontera.
Apedreados en la frontera.
Olvidados.
Ajenados.
Ahí está la cosa.
La eurocomunitaria cosa:
ajenarnos.
Yo
y ella y ella y ella.
Mamá es ella
para siempre.
Mamá es extracomunitaria.
Extraeuropea.
La dama bien peinadita le toca el pezón a la dama
bien peinadita.
Eurocomunitaria.
La dama bien penada
se toca un pezón peinado.
Se lo tocan. Se lo tocan.
Nosotros. Nuestros pezones

arrugaditos.
La muerte, mamá,
vos no sos europea.

(de *La visita*)

El país. Esa cosa.
Ese acoso.
¿Lo ves venir?
Las cosas que hace para distraerse,
yo.
Las cosas que hace.
Ni su mamá.
No, claro. Ni su mamá.
Porque ahí está la cosa.
La cosa. Mamá. Qué difícil escribirte.
Siempre voy tropezando.
Vamos tropezando.
Vos también, mamá, vos también
tropezás.
Con la cosa, mamá, con la cosa.
Vos también tropezás
con mamá.
El escondimiento de todo ese dolor.
El escondimiento de nosotros.
El dolor es nosotros.
Escondidos. Como un dolor.
Vamos. Hagamos como que.
Nos queremos. Dolorcitos.
Dolorcitos ellos que se quieren.
Dolorcitos nosotros.
No nos quieren.
Al dolor nadie lo quiere.
Por eso se atraganta.
Puto. Porque es puto no

lo quieren, por puto.
Puto en mi garganta.
Puto dolor.

(de *La visita*)

Néstor Perlongher

Nació en Avellanada en 1949. Fue militante trotskista y luego anarquista, dirigente estudiantil y uno de los iniciadores del movimiento por los derechos de los homosexuales en Argentina en la década de los setenta. En esa época integró el Frente de Liberación Homosexual. En 1976 fue detenido y procesado penalmente por la dictadura. En 1982 se recibió de sociólogo. Ese mismo año viajó a Brasil y realizó una maestría en Antropología Social en la Universidad de Campinas, donde trabajó después como profesor. Falleció en 1992. Sus libros de poesía son:

Austria-Hungría, Buenos Aires, Tierra Baldía, 1980.
Alambres, Buenos Aires, Último Reino, 1987.
Hule, Buenos Aires, Último Reino, 1989.
Aguas aéreas, Buenos Aires, Último Reino, 1990.
Parque Lezama, Buenos Aires, Sudamericana, 1990.
El chorreo de las iluminaciones, Caracas, Pequeña Venecia, 1992.
Poemas Completos, 1980-1992, Buenos Aires, Seix Barral, 1997.

COMO REINA QUE ACABA

Como reina que vaga por los prados donde yacen los restos
de un ejército y se unta las costuras de su arminio raído
con la sangre o el belfo o con la mezcla de caballos y
bardos que parió su aterida monarquía

así hiede el esperma, ya rancio, ya amarillo, que abrillantó
su blondo detonar o esparcirse —como reina que abdica—
y prendió sus pezones como faros de un vendaval confuso,
interminable, como sargazos donde se ciñen las marismas

Y fueran los naufragios de sus barcas jalones del jirón
o bebederos de pájaros rapaces, pero en cuyo trinar
arde junto al dolor ese presentimiento de extinción
del dolor, o una esperanza vana, o mentirosa, o aún más
la certidumbre

de extinción de extinción como un incendio

como una hoguera cenicienta y fatua a la que atiza apenas el
aliento de un amante anterior, languidecente, o siquiera
el desvío de una nube, de un nimbo
que en el terreno de estos pueriles cielos equivale a un amante,
por más que éste sea un sol, y no amanezca

y no se dé a la luz más que las sombras donde andan las arañas,
    las escolopendras con sus plumeros de moscas azules y
    amarillas
(Por un pasillo humedecido y hosco donde todo fulgor
    se desvanece)

Por esos tragaluces importunas la yertez de los muertos, su
    molicie, yerras por las pirámides hurgando entres las
    grietas, como alguien que pudiera organizar los sismos

Pero es colocar contra el simún tu abanico de plumas,
    como lamer el aire caliente del desierto, sus hélices
    resecas

                                    (de *Austria-Hungría*)

EL LUGAR

Y si la plebe se alza, si los bufones andan solemnes como gatos,
    si los bardos se liman las narices, los bordes de las uñas,
    las pestañas, y no escriben pavadas; y si las trapecistas
se toman tan en serio su papel que ya no mueren
    en cada salto ya no mueren
caen muy de pie, prolijas, sobre un rectángulo de papel glacé
    y el domador las reverencia
y apenas la écuyère se hace penetrar por los caballos, cada vez
    con menor dificultad, con más ungüento
y su aliento de chanchos y magnolias ya no lleva a los dedos
    (encremados)
a ese lugar abandonado y sucio donde las telarañas papan
    liendres

Mas, si cae una piedra, un monolito, y esa laceración retrasa
    el paso del carro del olvido, y por más que ningún trepador
    quiera ya uncirla, si al menos se la odia

se pasa por su casa, o por las ruinas de lo que fue su casa,
   y se arrojan monedas, o estampillas rasgadas con la imagen
   de un héroe aborrecido
y no se la saluda en el mercado, pero sí se comentan los
   arañazos de los cuervos, y se grazna
y ella escucha el graznido, y ya no lo confunde con un
   ruego,
   y sin embargo acude, como novia de luto
a la manera de un museo, tal vez, se la restaura

                    De todos modos, si
se reparan las picaduras de viruela y se llenan sus tripas
   y se le hace imitar su propia voz
y se le ponen cerca ramilletes de conchas, y se la entrega a un
   amo, o a un esclavo, y se deja correr el pus por su cabeza,
   y encima se la aplaude, o se la pisa
y vienen las amigas y zurcen en su torno las medias e hilan
   cuentas

pudiere ella rodar, quizás, trastabillando, sin esa turbulencia
   mas acaso con la misma torpeza de anteayer, su aullido
   de coyote acorralado, su desmelenamiento
pudiese retomar las graderías donde antaño medró, sacar
                                            [brillo
a sus grillos y, halando en las mazmorras, se pudiera
   escuchar su aspiración de hembra desordenada, obesa
   un zumbido de ratas sobre el papel de armar
   rearmando su cogollo
   y colocada al menos una hez en el lugar del padre
   o un amante en el lugar de la hez
   o algunos viejos en la chata donde se lavan los pendejos
   O una mancha, en ese lugar, un mantelcito
   o un decorado de torta de crema y un teatro de títeres
   un número
   o se dejara así, nomás a la intemperie
   pero hubiera un tablado y abanicos y se tomara té
   y no se hablara de eso, por precaución
   o se lo susurrase, con recelo

diciendo que está ahí, que está al caer,
que ya está por venir, que se hizo tarde
y aunque hubiera pierrots y colombinas, cantaridina, ajenjo
en medio de esa fiesta de glorietas, no sé, de invernaderos
es evidente que ella no estaría, ahí, en ese lugar, que no
habría nadie, que nadie sabe nada, que no existe

(de *Austria-Hungría*)

ERITREA

En el año 1943
en Eritrea
a un costado del siglo
Virginia y yo hablábamos de un muchacho
que conocía el lenguaje de las flores
entre nubes de mosquitos
bajo un calor sofocante
Ambos creíamos firmemente en los baobabs y las caricias
y no teníamos nada que ver con esa guerra
Pero al llegar a Nueva York
Virginia se compró un sombrero
yo una motocicleta
y el muchacho de quien hablábamos, no sé
olvidó el lenguaje de las flores

(de *Austria-Hungría*)

XII

—Mi éxtasis... estáteme!... inste ostento
Que no instó en este instante!... tú consistas
En mí, o seas dios que se me añade!...

MARTÍN ADÁN

INSTÁRONME
a que empinase el ancho
cálice, no dejase ni una
gota ni una costra
acre.

Nervaduras del cráter craquelé
la visión en el pliegue, la legaña
arañesca, comi-
sura lacar

ahoga en destellos el
dije hundido en el cáliz
cuarteado de pupilas
indecisas

en fuga:

velámenes
brocados, guadamecí
en topacio, incrustación
interna, el borborigmo
tremores lacunares

         chata en tílburi
en el
tiborcillo
por
enemas

AGUAS ALUCINADAS
AGUAS AÉREAS

aguas visuales
tacto en el colon húmedo
geyser (o jersey) ístmico.

Que ni un dejo.

(de *Aguas aéreas*)

XXIX

EL CIRCUITO DE OCELOS el estanque encantado
conmueve tenuemente con la finura de una
anguila del aire
vermes de rosicler urdiendo bajo el césped
un laberinto de relámpagos.

(de *Aguas aéreas*)

ALABANZA Y EXALTACIÓN DEL PADRE MARIO

Oh Padre
Unzamos
con el sagrado ungüento de sus dedos de estrella abriendo una
divina constelación de yemas en el marrón amor azul dolor de
los pidientes de los que imploran su piedad la maravilla balsá-
mica del viento de auras que proviene de la pirueta de sus manos.

Oh Padre
Tráiganos
la esperanza la fe las cosas buenas simples como gasas criollas
tendidas en el alero de una higuera y la ilusión de un día un
lindo día acceder a la elipse callada de su sueño silenciosa ca-

llada como un callo del alma de cuya emanación surgiesen sílfides emancipadas de las olas aéreas como aguas aéreas voladoras que dicen que entre las estrellas de más oscura noche se alza la cifra de su mano.

Concédanos
Oh Padre
la habilidad de resistir al denuesto a la insidia a la maldad a la espiral del mal que nos enrosca el cuello como un huevo de sierpe lazamera que en vez de refulgir amarronase bosteramente el cielo pequeño donde luce la estrella que nos da nos dé la estrella de la buena la buena de la estrella el astro sistro de bondad en su celeste infinitud

Oh Padre
Calme
nuestro dolor la befa y el vejamen del dolor escarnecidamente soportado a través del silencio del abismo hasta que su gran mano llegue y unza en una voluta los gladiolos que enciende con el roce de un helecho en la fontana de los lagos.

Oh Padre
Cúrenos
la salud y las escoriaciones del alma y los pozos del trauma y las heridas que hilan en el fondo de sí de cada cual las babas de la sierpe y nos enriedan la cabeza enrulada hasta hacernos perder toda razón y arrastrarnos enloquecidamente con el absurdo sueño de salir por abajo bajando descendiendo sin ver que la iluminación viene de arriba como un sol que fijo sobre los ventanales de voile atravesándolos de luz divina luz de la que irradian sus ojos claros ojos abriendo una vereda de fulgor en la tiniebla floreciéndola

Mas Oh Padre
Soporte
nuestra insistencia nuestra manera de decir que sí creemos y dejamos de creer nuestras boludas dudas nuestro error o cagada de dudar de pedir sin fe o con fe sin cesar o sin cesar en

fe pedir cesar no fe mas energía que llega sin cesar y nos vol-
tea oh padre la baranda de olor de santidad de sus dedos en la
cutícula almenar

Oh Padre
Mándenos
su energía su luz su compañía el escorzo de espíritu envíenos
su luz su compañía energía azul libidinal reichiana energía ama-
rilla cual la del sol más luz no importa si toda esa luz nos ence-
guece no sin acaso el fosfeno en esa hora de la más plena luz luz
llena obnubilase cual sombra de la luna los sentidos rosa ener-
gía del amor sentido en los corazoncitos de crepé los párvulos
retozando en derredor del gigantesco orfelinato alzándose a la
manera de una esfinge en los chatos pantanos de Catán

Oh Padre
Envíenos
más energía mucha más toda la energía cósmica de la tierra de
eso que sacude el cuerpo el cuerpo sin órganos los órganos
del cuerpo la desorganización del alma de la psique nos vol-
tee nos haga dar toda una vuelta por el aire como cabriolas de
carneros que desatados por una fuerza divinal se burlan de la
llaneza de la tierra

Oh Padre
Háganos
llegar a sí llegar a usted llegar adonde quiera que lleguemos
mas con la sensación de no llegar cual si estuviéramos siem-
pre de vuelta dando círculos en la ruleta de las voces circu-
yendo de nieve acaramelada bolas de frenesí fervor dándonos
vuelta siempre de vuelta a sí volver a usted

Oh Padre
Vuélvanos
vuélvanos buenos generosos gentiles dispuestos a sacarnos la
camiseta de la mesa los platos sobre los manteles las serville-
tas desdobladas para limpiar la roña de esta casa que todo
como debe luzca todo corusque en la boreal cintilación de su

mirada maravillosa que hondamente orada el ala volaz el ala
suelta de los que le pedimos que nos salve

Oh Padre
Sálvenos
de esta locura de este infierno de no vivir más que necesitan-
do pedir y no tener a quién pedir no saber qué pedir dónde
pedir cómo pedir pedir de pie en la pedigüeña campana dada
vuelta de esta mano la nuestra que extendida hacia usted be-
sar arrugados lunares de su mano

Padre
Acarícienos
reconstitúyanos el aura devuelta la perdida lisura o visco bu-
rilante al pelo desengomine nuestras caspas y a nuestras por-
querías disuelva disolviendo todo yo todo espejo de un yo tri-
zas de vidrio haciendo cabrillear en el berilo

Oh Padre
Amase
los agujeros del alma describiendo suavísimas circunvalaciones
en ese breve espacio de la cutícula rodeando tenuemente el ve-
llo el bozo el belfo los pelillos que son indicaciones o excusas
para la iridiscencia apenas breves cárceles de luz y ese filtro de
sol que penetrando por las ventanolas del techo de la iglesia
transformada durante el día en comedor de niños huérfanos ahí
donde ellos toman la sopa de maicena tomamos nos la sopa que
nos sirve usted con su manera increíble de restaurar el aura rota
rescatando su luminosidad de los buracos de la muerte y de la
locura y del dolor y de los inexistentes límites del sufrimiento
curando aplicando la fuerza inasible imposible de las yemas
que siquiera sin rozar la superficie de la piel un milagro produ-
cen ocasionan en otra dimensión otro acontecimiento

Oh Padre
Llévenos
con usted al agradecimiento de esa generosa fuente de soda o
gas esas esquirlas desencadenadas de la iluminación en lo alto

de la sien nunca nos prive de esa luz perdone nuestro apresura-
miento por llegar a esa luz disculpe disimule en su bondad que
nos aprovechemos de esa luz haga que nos parezca que esa luz
es de nosotros cuando en verdad es nomás su luz su resplandor

Oh Padre
Anímenos
a ser felices a luchar a no cejar en nuestra lucha a no luchar en
nuestra ceja para dejar de ver la luz a no cerrar los ojos o a ce-
rrarlos y en esa noche oscura del fosfeno ver surgir un delfín
iridiscente un arco iris de delfines un delfinado aéreo o irisa-
do un arqueado delfín

Oh Padre
Alúmbrenos
anémonas medusas en la rutilancia de la corte de bermejo co-
ral profundidades trasmarinas orillas de platino al rielar en las
olas onduladas la permanente de una risa la alegría de una car-
cajada de alegría y lágrima de risa y risa lacrimal en la alegría
y alegría en la risa del llorar

Oh Padre
Espérenos
no vaya tan rápido que no podamos alcanzarle no nos des-
lumbre con una velocidad vertiginosa que no podamos com-
prender qué lo lleva lejos no nos asuste con la amenaza de que
un día no vuelva no nos deje con el remordimiento de su ida
no nos deje de lado en su ascensión no nos olvide en el sobre-
vuelo de su ala volaz sobre los cándidos cipreses del bañado

Padre
No nos olvide
u olvídenos mejor definitivamente distribuya sin referirse a
quien sin importarse mucho por quién es sin preguntar por
qué lo buscan sin buscarle la vuelta de la busca derrame de-
rritiendo sobre la trémula templanza un torrente de claridad
mundial

Azul
Ella era azul
como el espesar de los tamarindos en la película lacustre o
amarilla solar color de sol sol de colores en encendidos iris de
meninas jugando en el recreo tal chicos de Carrera en el pra-
do de Pringles

O borravino

Oh Padre
como el ruedo de la sotana desteñida a lejía tanta plenitud en
la limpieza en la transfosforescencia de esa mezcla de borras
capilares en la sangre del pie

Oh Padre
O verde
en el apiñamiento de la flora como manos de árboles que ex-
tendiesen sobre los transeúntes de la selva la magnitud del
manto de falanges electrizadas y radiosas

Oh Padre
Vea
los colores enséñenos a verlos a no pasar por alto ni un color
ni la más microscópica vibración del color ni el color de las
cosas de colores ni los collares de color ni cosas de color o sa-
cos de color anaranjado

Azul marino
Padre
azul marino como el pantalón de un fardado del Daime que
hace dudar si el negro astuta absurdamente ha invadido las ro-
pas de fiesta de la noche pero disipa en el torneo de la vela en
repliegues de brin ese temor

Oh Padre
Al fin protéjanos
de nosotros mismos de los otros de los que pintan un falso co-
lor en la estratosfera de los pálidos blandos de los bancos sobre

todo del blanco de color ampárenos con todo ese color forme
una irisación que nos envuelva como una chal de lamé

Oh Padre
Ayúdenos
a correr a escapar a no quedarnos donde estamos a siempre
transflorear cruzar la flor de este jardín por instantáneos pa-
sadizos secretos conociendo que el quedarse es morir que el
no quedarse es irse sin morir por las campiñas donde juegan
los enanos de Pringles por las landas donde Isabel pierde el
sentido de su coche por contemplar la fina reverberación de
una pizca de rosicler parando brisas quieta como

la mano fabulosa de Isabel surgir haciendo luminarias metas-
lecentes de magnolia en el circunscribir de las emanaciones de
sus ojos y puntos que van extendiendo milimétricamente el
espléndido imperio del color

Oh Padre
Píntenos
el alma de todos los colores háganos multiformes como una
paleta de Quinquela no deje que nos esclarezcamos o aclare-
mos denos la más barroca confusión locura casi al borde de la
locura confusa confusión de locuras en fusión de la cura del
cura en su sotana colomí

De Borravino
Padre
nuevamente de un malva fuerte enérgico denos esa energía o
sambayón amarillento amar de un mar de mármaras sobre las
tejas de la cabeza del que pide la cura por favor el favor de la
cura la cura de favor la favorable cuidanza del que cura

Oh Padre
Cúrenos
no se nos oculte de dónde está de dónde reparte desde la es-
cueta sillita las curaciones de la mareación el mareo sororal la
solidaridad de las auroras o auréolas beneficientes de incalcu-
lable fuerza y calidad no nos obligue a recorrer con Beba en

vano distancias siderales de un suburbio anterior desconoci-
do estelas polvorientas que dejaba el periplo de nuestro andar
en pos de usted entre los ómnibus

Oh Padre
Entre los ómnibus
entre los gigantescos colectivos del suburbio profundo más
allá de las Lomas del Mirador donde ya no se mira ni una loma
se desloma una mina trabajando en el vidrio durante horas y
horas para tener el premio de buscar con Padre su fulgor

Padre
Su claridad
su más que iridiscente claridad cómo decirlo diaspro en jade
o el carbunclo asomado en el repliegue del satén laminado o
esas telas cardenalicias que dificultosamente le vestirán oh Pa-
dre déjenos imaginarnos su belleza y déjenos mirar el musi-
tar ya feble de sus labios y deje no se ofenda contemplar el de-
talle del movimiento de sus yemas sobre las impresiones de la
pupila en llanta que llora convulsivamente en el orlar

Y Resplandece
Oh Padre
resplandece de nuevo la extraordinaria vuelta de la luz y su baño
sobre todas las cosas de colores es un baño de luz la luz del baño
donde me refugié a llorar desesperado de esperanza y emocio-
nado de ilusión y todo desilusionado del dolor sin querer

Más dolor
Padre
ni más pena ni más rebajamiento o cobardía o pecaminosidad
o la debilidad que no es un mérito ni las maneras de dejar caer
las altas jarras de la fuente de luz

Blanca
Oh Padre
Blancaluz barriendo el recreo de los pibes que difuman la
mancha en la verberación y se corren los unos a los otros
como pájaros cojos haciendo traslucir ese gracioso saltito de

Mariel la gracia de Graciela corriendo por el cielo de un mon-
te de marsopas la sorpresa de Mario despeinando los flecos de
la seda la trépida pollera de Sarita pasando por detrás de la
cascada la sonrisa yacaresca de Schu en la portañuela ventanil
los ampulosos gestos de Natalia derribando pardales en el aire
las uñas de Roberto palpando en los cristales del milagro un
rizo un leve risco un cifrado rayón

Y los rayitos
Padre
de la luz: del sol: de purpurinas en ovalados ópalos de lámpa-
ra mampara inofensiva cual un visor de miel en el enjambre
de las abejas en la luz

Padre
Denos la luz
es que va a dar la luz? o a dejarnos a oscuras tropezando sin
saber si la luz es esa luz o aún hay otra luz un luminar de pé-
talos un chorreo de iluminaciones al trasluz de las cuentas de
luz en el traspapelar de las antorchas que combusten la luz en
la jungla de lianas que no es sino un efecto de la luz

(de *El chorreo de las iluminaciones*)

GEMIDO

He visto a los más bellos cuerpos de mi generación
reventarse, saltar en pedazos junto a las nimias inservibles
camisetas de látex en harapos, desmentir con arrugas lo que
                                        [fuera
(ya antaño) deletreada alegría:
            en trances encarnados en espermas ardidos de
bermejo, roer (o ser roídos) so roer sonreír sin remedio, los he
            visto
arrastrarse cual escuerzos por Remedios de Escalada en el vai-
vén de una canción, llorosa como un sauce de Ramona Galar-

za en romaní, reírse como locas (**locas, locas**) del tiempo, de las
obras locas, del dolor de las locas y del loco dolor de la locura.
Las he visto extrañadas contemplar la gordura de una herida
cuando creían aparecerse sorpresivamente en el drenaje
de la infusa infección por los esparadrapos de la pálida espi-
roqueta del deseo en la notoria esclavitud a él, a ese deseo,
arrastrase desesperadas bajo el imperio del deseo y desear, im-
perialmente, ese deseo de poder; de pija
y picoteras, ovalar en las panaderías el óvulo de la desesperación,
la fe
alterada por toques cinematográficos y pálidos
y balidos de hálito en el gemido aliento de Balí.
Balí le dijo.
               Yo balié
ensandecido por las baladas de la bala y por las bayonetas ca-
ladas de la distancia de la noche asomada en el arborecer
De un aljibe arenoso.
               Bailé y vi.
cómo las pálidas se retorcían entre sollozos empalizados car-
gar la cruz del masoquismo con aros arenqueros en la sal de-
positada sobre las heridas de la Keller por él, oh divino mar-
qués!
Oh sucia gloria
de ese arrastrarse sin sentido.
               Sin sentido
               Los he
visto caer en el amanecer bajo la orgía
de pistolas olorosas eructando en el piso del pis
piso pisado peso píseo paseando bajo el pis tomando pis
en jarras de gomina, sumergirse en el gel
de ese jabón, en el jamón del diablo de esa nalga, en la
aliteración
de esa halitosis
galáctica derrota del plan tornado plástico, del tornado
plastificando el pan, del tornado mujer tronando sobre
la cama de los llamados a deponer
el oro de las joyas en el limo sedoso del bidet.

Ya no había nada
que las contuviese.

Sí, las vimos:
        Volcarse en la confusión de las marañas
coger vestidos rojos en la maraña madrugada
tocar guaranias en la nenia de este gemido saucedal.
Ramona: esposa de Nelson Rodrigues?
Hagamos un teleteatro de provincia.
La loca plañe porque va a morir y la hemos visto
dejarse sin protestas en las cruces gamadas de los árboles
con un guardián moreno cual de Reynaldo Arenas contra las
alambradas de los campos.
        Y ahora gemís, mancebas?
        Amancebadas como yeguas en la portañuela
        chongueril?
        Abotonadas cual batracios, desprendidas de las
braguetas de los lagartos con una castañuela de entrecasa, vi-
ril pendejo el de esas excursiones alucinantes por los poros
del pubis?
Serpentear?

Visto húbolas? Porque...
Al verlas marchitarse exasperadamente entre los vastos ade-
manes de la histeria, hermafroditas aniñados,
coníferas erguidas en el bosque de palos, incrustadas
en hondonadas de la respiración, penetraciones hondas
del rocío en la hiedra cautelar, voz de matelassé
aterciopelada por las falsedades de la disimulación,
disminuyendo día a día la distancia que las separa de lo trágico
y las acerca a lo ridículo, a lo kitsch
las locas
desaparecen por cañerías de acero que no llevan a nada
o al sitial de las profanaciones de los zombies
en la noche agrisada por sus centauros.

        (de *El chorreo de las iluminaciones*)

Arturo Carrera

Nació en 1948 en Coronel Pringles. En 1966 se trasladó a
Buenos Aires, donde siguió estudios de Medicina y Letras.
Fundó, junto al dramaturgo y poeta Emeterio Cerro, el tea-
tro de títeres El escándalo de la serpentina. Dictó seminarios
y conferencias en diversas universidades de Argentina, en el
Instituto de Cooperación Iberoamericana de Buenos Aires y
en el Centro Cultural España-Córdoba. Como profesor de
Literatura y Poética, dictó cursos en el Abroad Program de las
Universidades de Illinois y Carolina del Norte y en la Fun-
dación Antorchas de Argentina. Participó en congresos, me-
sas redondas, lecturas y lecturas críticas de sus poemas en
varias universidades y centros culturales de Estados Unidos,
Francia, España, Italia, Chile, Venezuela, Brasil, Suecia, Ca-
nadá, Uruguay, Paraguay y México. Tradujo textos de John
Ashbery, Yves Bonnefoy, Pasolini, Maurice Roche, Mallar-
mé, Michaux y Penna entre otros. Obtuvo, entre otras distin-
ciones, el Premio Konex (2004), el Primer Premio Municipal
de Poesía (1998), el Premio Nacional de Poesía M. Kohen
(1985), la beca Antorchas (1990) y la beca Guggenheim (1995).
Fundó con Juan José Cambre, Alfredo Prior y otros artistas
ESTACIÓN PRINGLES, utopía reticular, materializada en la for-
ma de un centro de traductores literarios, posta poética y lu-
gar de intervenciones múltiples. Libros de poesía:

Escrito con un nictógrafo, Buenos Aires, Sudamericana, 1972.
    Prólogo de Severo Sarduy.
Momento de simetría, Buenos Aires, Sudamericana, 1973.
La partera canta, Buenos Aires, Sudamericana, 1982.

Arturo y yo, Buenos Aires, Ediciones de la Flor, 1983.

Mi Padre, Buenos Aires, Ediciones de la Flor, 1985.

Animaciones suspendidas, Buenos Aires, Losada, 1986.

Ticket, Buenos Aires, Ediciones Último Reino, 1986.

Children's Corner, Buenos Aires, Último Reino, 1989.

Nacen los otros, Rosario, Beatriz Viterbo Editora, 1993.

Negritos, Buenos Aires, Mickey Mikeranno, 1993.

La banda oscura de Alejandro (fragmentos), México, Universidad Autónoma de México, 1993.

La banda oscura de Alejandro, Buenos Aires, Bajo la Luna Nueva, 1994. Segunda edición, 1996.

El vespertillo de las parcas, Buenos Aires, Tusquets, 1997.

La construcción del espejo, Buenos Aires, Siesta, 2001.

Tratado de las sensaciones, Valencia, Pre-Textos, 2002.

El Coco, Buenos Aires, Ediciones Vox, 2003.

Pizarrón, Buenos Aires, Eloisa Cartonera, 2004.

Potlatch, Buenos Aires, Interzona Editores, 2004.

Carpe diem, México, Filodecaballos editores, INCOCULT, 2004.

Noche y Día, Buenos Aires, Losada, 2005.

La inocencia, Buenos Aires, Ediciones Mansalva, 2006.

Las cuatro estaciones, Buenos Aires, Ediciones Mansalva, 2008.

ARTURO Y YO (fragmentos)

Los niños se duermen:
fácilmente se duermen sobre estos clavos
de azúcar, fakires del infinito turbulento.

El campo tiembla.
El campo nuestro. (... el delirio, los surcos
de la lava del alba. El agua donde amanecemos.

Los terrores poderosos giran en torno a
objetos sin valor. ¿Te acordás? Fase del
desprecio, incluso por el no...

El No de un amarillo vibratorio,
los girasoles en el vozarrón del día
y el humo del atardecer, los ojos
en la cabeza leñosa
en el espumoso anaranjado del sol.

No te alejes más.
No te alejes más.

Forzar
el ideograma de la alegría:
el cuerpo como único retrato,
único espejo, único pie de la temible
locura.

(...)

aquí todo nos despierta
aquí somos el sobresalto del lince
aquí el sueño no oculta
la alegría del secreto

Aquí la verdad solitaria derrumba
el placer
y el placer no sostiene
el secreto no sostiene
el despertar no me sostiene,
su realidad,
es más devastadora que el deseo

(...)

la risita de los niños del sol
y otro sol en otros niños mutantes:
la diferente paternidad pueril
de lo viviente

Con ellos, hacías, escribías
con el abrelatas del deseo
esta vez cada vez más vivir
y en lo viviente, espacio,
cada vez más oír
el secreto de lo vivido

Oh por tu culpa debí enloquecer
puesto que vivir
es sólo presentir
el deseo

Estamos hechos para soportar el estallido
de la muerte en la infancia: Aún no,
no termines, no acabes, todavía.

¿Yo busco el agravio de la muerte?
No; enumero el sentido de una desaparición
escrupulosa:

el arco iris no.
los niños no.
un amor no.
un cuerpo que al pasar
deja que el deseo nómade se precipite en él
como una nevisca incandescente,
como una lluvia
fulminante. No.

una idea célibe no. viuda no.

una frase fastuosa que aparece
en la mitad de un ingenuo
momento,
de una ingenua desaparición

Del campo. No.
Del fauno o silvano que aflojó los cordones
soltó los ojos en los manojos de doradas
espigas. No.

Un sileno no.
Un coribante con su falo serruchado

en la mano,
bailando y restallando de dolor,
bailando y restallando. No.

(de *Arturo y yo*)

LEVE RETINA

Otro tiempo debería comenzar,

el tiempo de escuchar latir,
en la clepsidra turbulenta,
el otro corazón imaginado:

ese que ya obtuviste pero sin comprenderlo
y volverás a oír,
en una escucha perturbada por una voz
más joven que la Primavera.

¿Te atreverás?

¿Qué cabecita en corona
decidirá el encuentro?

No lo dudes, no pienses,
sólo imagina; esos bracitos
que otra vez tenderán
hacia vos su sed de inasequible.

Y esas pestañas en la luz,
ese pie pequeñísimo que
al alba medirá como antaño
tu sexo... la desmesura del amor
en el vacío cuerpo.

Rara vara florecida
con el perfume del ámbar,
el vaho del jazmín y el crujido marrón
de las magnolias.

Y sin embargo:

La señal será
otra oscuridad,
otro cielo ciego
de tu sexualidad aún incomprendida
que cuida una vez más
su reparto y su don,
su movimiento que te impulsa
hacia otra vida.

Ninguna furtiva pregunta saciará
tu corazón.
Si él escribiera,
su heraldo sería el sí.
Pero en la tinta
la sangre garabatea
su implacable traición.

Si no cabe la duda
la estólida decisión persiste.
(Y en lugar de los ojos,
los «ocelos» serán los amedrentantes
que viste...)

Leve retina.
¿Desde qué hueca luz tu redecilla
insiste:
«Atrévete a no ver
la justa maravilla
que te increpa»?

(de *La banda oscura de Alejandro*)

BURBUJAS

Pónganse contentos,
Tengo la fórmula para hacer burbujas.

9 cucharadas de agua
1 de detergente lavaplatos
1/2 cucharada de glicerina

Y dejar la mezcla
cuanto más tiempo
mejor.

O esta otra:

4 cuch. glic.
2 cuch. de detergente
1 de jarabe de maíz.
La alucinación de un secreto.
La presencia exacta de tu fragilidad
y la atención de la ley
de su breve estallido.

La primera vehemencia: el ah, el oh
que se escapan de nuestra voz
cuando distraídos
la emoción nos sorprende.

la primera manera de hablarnos
después de mucho tiempo

¿Qué calma remota traza ahora
su puente de momentánea seguridad?

¿Cuál color se oscurece y viene temblando
hacia donde creemos estar?

(de *Tratado de las sensaciones*)

VISIBLE, INVISIBLE (fragmento)

I

Que este brío dure,
que los pájaros imiten
el grito de los terneros
al anochecer. La gata agazapada
bajo el vaho de las buenasnoches.
Y mezclas, matices,
pero como se mezclan dos nubes
y como entra en el incienso el hipo del incienso
haciéndonos sentir su barrido,
su despejo de falsas sensaciones.

Y como entra la noche en el atardecer
bajo la soledad sonora de los grillos
—la música callada de las luciérnagas mezquinas.

Y que se unan otra vez esas rachas de sonido
a la única voz en que juntos vacilamos.
Sonidos que ignoraban ser iguales,

apenas iguales: secretos ejercicios de alegría
visible como el espiado,
como un habla visible en lo invisible,

la laguna.

(de *Potlatch*)

TRUEQUE

... que el viento tiemble y se lleve
el recuerdo inconvincente.
Que cambie como la lluvia de verano
las promesas, los ánimos.

Y que parezca decir: ¡no importa!
¡Hablo en sueños! ¡Este balbuceo
es mi derrota! ¡Y hubo
saqueos! ¡Y hubo muerte en mi país!
Pero nadie mintió tanto en el corazón
como tu amor. Nadie
desbarató tanto.

¿Qué es lo que no cesa de entregarse
como trueque de apariencias,
haciendo estremecer en cada uno
el indicio de lo real?

(de *Potlatch*)

LA RAMA DERECHA (fragmento)

III

[...]

No hables de grandes cosas,
ni de grandes causas, ni de grandes milagros;

no inventes. no inventés.

El sueño del rocío en cada seno
alinea níveas florecillas. Y de grandes promesas,
sueños aún desconocidos.

(de *La inocencia*)

MOCITAS EN LOS FRESNOS (fragmento)

¿Cómo olvidar a esas mujeres?

Y al revés: ¿pueden olvidarnos,
Ellas?
Si es cierto que nos hilaron, tejieron y amaron,
¿qué sigue a la señal real,
a la venérea imposición de amparo?

Les escribo todo el tiempo
aunque no hubiera tiempo.
En todos los ritmos aunque no hubiera ritmo.

Reconozco en sus caras a esos niños que las escucharon.
Y crecen de pronto hasta ser tintinábulos,
sonajeros en lo alto del ciruelo nevado:

OTRA ESTACIÓN

Estábamos en esas resonancias
que expresa cada paraje en cada uno;

estábamos en el silencio que astilla
el grito del pájaro.

Pero ¿cómo? ¿Cómo
se llama? ¿Qué cantó cuando sin querer
nos distrajimos?

OTRO RAMAL

La forma es nuestra alegría.
Una respiración casi secreta
si no desconocida.
Una estación abandonada
nos desmiente.

Vías intactas bajo la deslumbrante maleza.

(de *Las cuatro estaciones*)

Mirta Rosenberg

Nació en Rosario en 1951. Realizó estudios de letras. Vive en Buenos Aires, donde se desempeña como traductora profesional. Forma parte, desde su fundación, del consejo de dirección de la revista *Diario de Poesía*. Es fundadora del sello editorial Bajo la Luna Nueva. Es asesora de la Casa de la Poesía del Gobierno de Buenos Aires, donde coordinó el ciclo Los Traidores, una clínica sobre traducción poética. Ha recibido la beca Guggenheim de poesía y el Premio Konex de traducción. Sus libros de poesía son:

Pasajes, Buenos Aires, Ediciones Trocadero, 1984.
Madam, Buenos Aires, Libros de Tierra Firme, 1988.
Teoría sentimental, Buenos Aires, Libros de Tierra Firme, 1994.
El arte de perder, Rosario, Ediciones Bajo la Luna Nueva, 1998.
El árbol de las palabras. Obra reunida 1984-2006, Buenos Aires, Editorial Bajo la Luna, 2006.

La vida ha cambiado, se decía, untándose
los labios con la lengua, relamiendo, aaámm,
como si de un bocado se tratara, o de un perfume.
Éste es mi gusto, y sin embargo, el pelo
se me atiesa y cae como... ¿un sudario?
No, una señal de giro. A la hora pico
nadie se ha apoyado contra mí... o sí, en mi contra:
rueda la edad, canta la alondra y el leve maquillaje
en las mejillas ha cobrado una espesura
de mitad de la vida que adelanta. No fresca,
pero dura con el pelo así: en consonancia.
¿Será el recelo de la mala figura, o la blusa candorosa,
olanes y satines, de una vejez pasada? Vieja no,
gastada y brillosa en los codos y en los puños,
sobre las uñas manicuradas. Cuidar las manos
con amor, con garra, con impudor, coqueto:
lo que relumbra, es brillo. ¿Aprieto el gatillo?
Laca descolorida para esa cómoda nueva que, envejecida,
empieza a tornarse incómoda. El cajón superior
de la derecha, por ejemplo, ha perdido
el tirador. ¿Y si gatillo? Allí guardo soutiens,
sostenes, corpiños, todo en desuso. Lo que hice,
ya lo excuso: tuve niños, reía y buscaba
los parecidos. Confuso: en parte, todo mentira,
en parte aliño, letal, del pecado original.
¿Cuál es mi parte?

                                        (de *Madam*)

MUJERES A LA PÁGINA

Fuimos a derivar como una isla sin continente
y el mar empieza a ser visible. Seremos mujeres
al borde del agua y allí nos miraremos bajo el sol
que enrojece a las mujeres que se miran en el agua
con la intención más bella de encontrarse
en el cielo, desdichas invisibles.

Aunque seamos tan feas como es posible,
una pintura que nadie quiso pintar,
un desacuerdo tónico de las notas,
una mala manera de decir que hay bellas
palabras que no llegarán y esperaremos,
un vaso donde el agua no ha querido
encontrar su forma, y la dejarás correr.

A la página, mujer

¡Oh esos dos dulces átomos de hidrógeno,
la bomba de la guerra más el óbolo
de oxígeno! ¡Nos dice que el mundo
es mundo! ¡No se puede,
mujeres, escribir con agua!

¿No se puede escribir con agua?

Sin embargo, este cuerpo que no es
ejemplar de la escultura ni accidente todavía
de la pura geografía, se sienta aquí como un objeto
y ya su propia manera de imitarlo:
agua para el corazón que es agua para la cabeza.
Agua es tres cuartas partes de lo que pesa.

¿Se puede escribir con agua?

A la página, mujer.

Después de todo, el fin del arte es el placer,
del que bien podríamos abstenernos
como de una moda. Seamos esta vez
la sed y el placebo de la sed,
hablando como amigas que sumergen
las piernas en el agua, sabiendo que depende
de la luna y también que regidas por la luna,
cuando ella salga difícilmente
estaremos a su altura, enrojecidas por el sol,
ruborizadas por el propio calor,
como sardinas nadando en aguardiente.

Eso es el mundo, etc. Una metáfora imposible
como agua de la luna. Y también está una:
digamos *eau-de-vie*, *aqua vitae*, agua de vida.
Y agua regia, como la vía, agua de rito
que no siempre podemos trasegar
pero que hay que beber lo mismo para que el pozo
no se seque y se haga arena ciega, agua sin sed.

¿Se puede escribir con ella?

A la página, mujer.

(de *El arte de perder*)

LA CONSECUENCIA

Esto es un árbol. La raíz dice raíz,
rama cada rama, y en la copa
está la sala de recibo
de un mirlo que habla.

La mesa donde escribo
—una fiesta de solteras—

está hecha de madera de ese árbol
convertida por el uso y por el tiempo
en la palabra mesa.

Es porque da frutos que caen
y por el gremio perenne de sus hojas
que se renueva el árbol
y que existe la palabra árbol:

aunque a veces el bosque
lo oculte a la vista, lo contiene
el árbol en la palabra árbol.

Y no es que éste sea un poema abstracto.
Es que las palabras se repiten entre sí
por el sentido: son solteras y sociales
y de sus raíces crece un árbol.

(de *El arte de perder*)

UNA ELEGÍA

En la época de mi madre
las mujeres eran probables.
Mi madre se sentaba junto a mi abuela
y las dos eran completamente de carne y hueso.

Yo soy apenas una secuela estable
de aquel exceso de realidad.

Y en la ansiedad del pasado indefinido,
en el aspecto durativo de elegir,
escribo ahora: una elegía.

En la época de mi madre
las mujeres eran perdurables,
completamente hueso y carne.
Mi madre se ponía el collar
de plata y de turquesas
que mi padre le había traído de Suecia
y se sentaba a la mesa como una especie exótica,
para que todo se volviera más grande que la vida,
y cualquier ficción fuera posible.

En la época de mi madre, las mujeres
eran un quid: mi madre nos contó
a mi hermano y a mí: «cuando salía de la escuela,
iba a buscar a mi padre al trabajo,
en Santa Fe, y los compañeros le decían *es un biscuit,*
tu hija es un biscuit, y nunca supe qué querían decir,
qué era un biscuit», un bizcocho estando muy enferma,
una porcelana exquisita todavía para nosotros,
y mi hermano apurándola: «¿Y?»

No sé qué es un biscuit, ¿una especie exótica
algo de todos modos, especial? Igual
andaba delicadamente por la casa, rozando los ochenta
como se roza una herida
con una gasa.

En la época de mi madre
las mujeres eran muy visibles.
Mi madre se miraba en los espejos
y yo no llegaba a abarcar
su imagen con mis ojos. Me excedía,
la intuía a lo lejos como algo que se añora.

Como ahora,
una elegía.

A la criatura adorable
fijada en lo remoto de la foto,

que ya a los ocho años parecía
más grande que la vida: te extraño,
aunque no te conocía. Eso fue antes
que a mí me dieras vida
en un tamaño apenas natural.

Igual,
una elegía.

Y a la otra de la foto que espero
conservar, la mujer bella que sostiene
el libro ante la hija de un año
en el engaño de la lectura:
te quiero por lo que dura, y es suficiente
leer en el presente, aunque se haya apagado
tu estrella.

Por ella,
una elegía.

Ahora soy la fotografía
y vos el líquido revelador. Tu muerte
me convierte en yo: como una ciencia aplicada
soy la causa y el efecto,
el ensayo y el error, este vacío
de la nada que golpea mi corazón
como cáscara vacía.

Una elegía,
cada vez con más razón.

                              (de *El arte de perder*)

«EL GUANTE PERDIDO ES FELIZ»

¡Huye de mí o quédate a amarme
cuando por fin me he perdido!

Ya no hay la incongruencia
de estar en relación: simplemente
soy, como los árboles
podridos por el tiempo
o la anciana estéril que se gana
el ramillete de la novia en una boda.

Dama de honor, en el amor te has cumplido
en el tiempo.

Ahora sólo pido que compartas
la inútil alegría
de ser y no servir.

(de *El arte de perder*)

MIÉRCOLES 25

Ahora soy toda
Oídos,

la que escucha tu respiración
y la cuenta
como una verdad prolongada

durante más
de cuarenta años. Los años
sin cuenta no se habrían perdido.

Soy un territorio ocupado.

Y hoy fui a trabajar escuchando,
dentro de la cabeza, Oídos,
el fulgor del sol
dentro de tu habitación
inevitable.

Sola no soy una voz
sino una alarma.

Si no hay robo o hundimiento
suena a primera hora, o en las horas pequeñas
de la madrugada
cuando empieza a oírse
el paso

de los primeros colectivos,
y nadie escucha, Oídos,
lo que no puede escuchar.

Por ejemplo yo
no puedo escuchar
porque soy la escansión del vecindario

o un calderón que ha durado
más
de cuarenta años.

Más puedo durar hablando.

Y te hablo ahora, Oídos,
como si fuera mi madre al volver de trabajar
y antes de sacarse el maquillaje en el baño
mientras me saco el maquillaje en el baño,

preguntando, Oídos,
por qué las mujeres debemos trabajar
por cosas buenas

y proporciones bellas
y no por la pura melodía.

Soy un diapasón que no da
la nota La
que enloqueció a Schumann
y sobre la que afirma la orquesta.

Escucho tautologías, Oídos,
palíndromos y redundancias.

(de *El arte de perder*)

DOMINGO 28

¿Qué debo escuchar,
Oídos?

¿El viento en las palmeras,
el mareo del mar, el estruendo mental
del movimiento de estrellas inaudibles

o tu voz diciendo
«me das miedo»?

A veces me das miedo.

Soy una ruta secreta
y quería ser un atajo
para el corazón.

A veces me das miedo cuando escucho
«no sé si debo correr la carrera
o la vocación»

¿Cambiaste tus convicciones?
¿Cambió mi vocación?

A veces, Oídos, hace falta cierto tacto
con una misma, con ésta o con aquélla,
al vaivén de la metáfora y del mareo del mar,

y quedarse allí sentada, tranquila
como alguien satisfecha con la muerte,
como alguien satisfecha.

Escuchadme, Oídos,
como lo que debo escuchar.

Tenés que seguir tu vocación,
convicción, corazón.

Soy una cabeza de alfiler repleta
de estruendo mental, prendida
a esa metáfora como a una cofia.

(de *El arte de perder*)

JUEVES 8

¿Lo que se puede tocar?
Una ruina, o una idea de lo que fue,
Tacto, un monumento.

Tengo, como un alma,
muchísimos dedos en cada mano,

en cada mano, sabiendo
cada momento,
«podría perderlos».

Soy una piel estirada
sobre una importante superficie
del mundo.

Voy a tocarte, Tacto,
con esta mano normal
a la luz del día, y voy a cerrar los ojos
para saber si es cierto. Si acierto
con el centro, no es cierto. Si no,
sigo tentando, con la esperanza
de quien tiene ganas de perderla.

Hace tiempo, vi a alguien
que sostenía en la mano, parada,
a su hija de diez meses. Me pareció
en ese momento, que tenía tacto
suficiente para mantener erguido algo
de la esperanza suya, con esos pocos dedos
empalmados suyos.
De su yo.

Soy un momento sostenido
en una Importante Superficie del Mundo.

Una superficie cultivada
y cultivada, sin año sabático
para las células, las pobres del tacto.

(de *El arte de perder*)

LUNES 22

Principalmente el yo, Lengua,
sin metáfora es molesto,
pura voz,

y grita.

Su advertencia inflamada
irrita a quien es Lengua Cuidada
como vos, ¿ves?: se es
lo que se dice ser,
y a otra cosa, o se es nada.

Soy una raíz prefijada
para las recaídas de la declinación,
en cualquier sentido.

Alguien que conozco dijo:
«Lo mejor de la ilusión
es la desilusión»,
y a eso tuvo que atenerse
por haberlo dicho,

como si no fuera lenguaje
figurado sino desliz soluble
en literalidad.

La traición de la lengua madre
en todos los idiomas
es, Lengua,
la desilusión de los sentidos.

Como decir «un vaso de agua»
«llueve a cántaros»
«llueven gatos y perros»
por ejemplo,

ya son expresiones aceptadas
que dan por hecha
la desilusión del hablante
del oyente

y de la fuerza
de la costumbre.

Pero si digo
«líquido como un beso
es el sonido de tus palabras»,
soy consuelo del sentido,

una raíz indeclinable
donde algo tuyo,

Lengua, seguirá lloviendo
en esas lluvias todavía,
de tu boca a la mía

de tu boca a la mía.

(de *El arte de perder*)

Las mujeres de mi época —mitad del siglo XX—,
con los ojos cerrados a un pasado oscuro,
sólo los abrimos al technicolor de la luz
que entonces parecía inminente.
Yo y mis vecinas, como bien sabíamos,
hacíamos aún algunos gestos
que nuestras madres nos habían transmitido
en un bolsillo de silencio en blanco y negro.
Pero nadie creía que fueran realidad.
Las más coquetas, gratuitas todavía
después de los cincuenta, hasta hoy desprecian

la necesidad de saber; las tímidas que no salían de su coraza
tienen ahora más de una casa.
Nadie cumple más con su deber.
El Profundo Misterio del Mundo
es un cuento que cayó en desuso,
pero las mujeres que nacimos a mitad del siglo veinte
lo queríamos creer.

(de «Observaciones concretas»,
en *El árbol de las palabras*)

Irene Gruss

Nació en Buenos Aires en 1950. Cursó estudios universitarios, de manera incompleta, en Medicina, Biología y Letras. Trabajó en revistas literarias y coordinó talleres de poesía desde 1986 hasta 1994. Actualmente es técnica editorial. Vive en Buenos Aires. Libros de poesía:

La luz en la ventana, Buenos Aires, Editorial El Escarabajo de Oro, 1982.
Sobre el asma, Buenos Aires, edición de la autora, 1985.
El mundo incompleto, Buenos Aires, Ediciones Libros de Tierra Firme, 1987.
La calma, Buenos Aires, Ediciones Libros de Tierra Firme, 1990.
Solo de contralto, Buenos Aires, Editorial Galerna, 1998.
En el brillo de uno en el vidrio de uno, Buenos Aires, Editorial La Bohemia, 2000.
La dicha, Buenos Aires, Ediciones Bajo la Luna, 2004.

DE QUÉ HABLO

Frente al mar hondo
uno debe callar hondadamente.
Uno no debe caer y
emitir por esa caída el más íntimo
sonido.
Sólo se puede hablar frente al mar hondo
cuando la luz es tan alta que
se inquieta, cuando
nuestro movimiento es suave,
casi resignado.
Uno no puede hablar
tan fácilmente, porque hablar
así sería
inoportuno,
ingrato.
Frente al mar hondo
uno debe callar,
enaltecerse o retirar
suavemente, sin furia, los pies.
El ruido del mar es demasiado fuerte para
uno,
para todos
a la vez.

para Enrique Blanco

(de *El mundo incompleto*)

MIENTRAS TANTO

Yo estuve lavando ropa
mientras mucha gente
desapareció
no porque sí
se escondió
sufrió
hubo golpes
y
ahora no están
no porque sí
y mientras pasaban
sirenas y disparos, ruido seco
yo estuve lavando ropa,
acunando,
cantaba,
y la persiana a oscuras.

(de *El mundo incompleto*)

EL AMOR ABSURDO

Nos faltaban hechos.
Ni hacíamos el amor ni nos acomodábamos
a tomar café.
No organizamos ningún campamento a
las islas Canarias, y
en Puerto Madryn
ni nos reconocimos: los únicos testigos de esto
fueron los cormoranes. Bichos feos de por sí,
los cormoranes saltaban
gritaban
nuestra falta de hechos.
Amantes insólitos,

nunca nos reunimos, ni por casualidad,
a oler la lluvia, ni a agitar banderas
ni a cerrar las ventanas
ni a inventar, ni siquiera
inventar
algo cierto.

(de *El mundo incompleto*)

EL MUNDO INCOMPLETO

a mi hijo

El reverso del mundo plagado de
margaritas
ondulantes, iluminadas.
El mundo tal como es
difícilmente pueda completar
la llegada a las
ondulantes margaritas.
Quién necesita esas flores
quién se queda en describirlas
tal como están, allá lejos,
quién sabe cómo son esas flores
¿Y si no son margaritas?
¿Si no se llega,
si no se completa el mundo?

(de *El mundo incompleto*)

MUTATIS MUTANDIS

Por favor, no sufran más,
me cansa,
dejen de respirar así,
como si no hubiera aire
dejen el lodo, el impermeable,
y el vocabulario,
me cansa,
la mujer
deje de tener pérdida ese chorro sufriente,
los padres dejen el oficio de morir,
el daiquiri o el arpón
en el anca, y aquel perfume matinal,
la Malasia,
y el Cristo
solo como un perro,
y al amor como
un fuego fatuo,
y a la muerte,
déjenla en paz,
me cansa,
(*¿algo ha muerto en mí?*:
tanto mejor).
Así que,
valerosos,
amantes,
antiguos,
huérfanos maternales que acurrucaron
al mundo
después
de la guerra,
dejen el rictus,
oigan,
y despídanse
por primera vez
sin grandeza.

                              (de *El mundo incompleto*)

LARGA DISTANCIA

Perras
la mujer es como una dulce perra
a la espera   siempre
busca y espera confiada
el portazo, el amor, el
pantano o
una maravilla.
Perra mira con sus ojos dulces
la venganza, la prepara
despacio, elabora
su inocencia   cruel
qué pretende
la mujer.

(de *El mundo incompleto*)

MILONGA ENTRECORTADA PARA MADAME BOVARY

Quiso vivir sus sueños.

G. Flaubert

No me acusen de extravío
porque en todo lo soñado
fui erudita
y si todo lo vivido fue
mentira y
vano
el cortejo que me gano
sirvió para ser bendita.

Ni lo acusen al autor
de haber abierto la boca

tanto él como esta loca
nos han dado la razón.

Así que descanse en paz
mi cabeza bienamada
y el cuerpo, desarropada,
no les llame la atención:

el frío que yo viví,
el calor de la mentada
sólo quedó para mí,
del dolor no quedó nada,
casi nada.

(de *La calma*)

CARTAS A MI MADRE

Por ahora el gran pintor
es el viento, dice mi madre, mientras
arrastra con un pie
un manchón amarillo, hojas
que caen sobre el parque desconocido.
Por ahora el gran pintor (es el viento, dice)
nos dibuja
separadas por un árbol de tronco inmenso
ah, cómo quisiéramos juntar nuestras manos
bailar alrededor
apoyar una mejilla sobre la corteza helada.
Pero estamos separadas
por el tronco inmenso de un árbol
en el parque desconocido.

(de *La calma*)

JINETES DEL APOCALIPSIS

No hay lugar para la huida, ángel
del deseo.
Ellos, que dicen que son fantasmas
siguen haciendo malas artes,
influyen, *lo hacen bien,*
estorban la huida, ángel
del deseo. Me corrompen.
Adonde fuera, el sol o la lluvia
me perseguirían como un testigo
adonde me quedara
ellos,
que dicen que son fantasmas,
mandarían cartas anónimas, desapasionadas
o donde la pasión
ocupa un lugar antiguo, de pacotilla.
Ahora, dicen,
el cielo se resquebraja tanto como
el suelo,
la gente lee libros trágicos,
sueña con llanuras que
parecen desiertos.
Ahora, dicen, todo ha terminado.
Y yo quería un lugar,
un toque
de infancia,
una frase verdadera.

(de *La calma*)

LA CALMA

No se puede o no es posible, ya no me acuerdo cómo
lo dijo Ortiz, vivir en permanente estado de
grieta. Pasar de la euforia a la grieta
es adolescente, no maduro,
algo así decía.
Entonces qué es *ser adulta*. ¿Pasar
a la tranquilidad, casi obsesiva,
y no caer, subir
como un exabrupto?

¿Es no adolescer?

Miller, otro escritor, se reía tanto,
iba por la calle y charlaba
con la gente, en la feria, en los bares,
en un momento en que sufría dijo:
Ah, moriré de tranquilidad.

Sólo dos veces anduve tranquila,
¿o tres?, ¿o cuatro?
Digamos que diez veces anduve tranquila,
y miraba el sol con un respeto mutuo,
nos hacíamos guiños como si yo supiera que más tarde
iba a nublarse, y como si el sol supiera
que a su pesar, a mi pesar,
no iría a defraudarlo, en
el ojo de la tormenta. No,
la calma no era artífice de ningún
pensamiento preconcebido, titilante, sobre la
historia del mundo,
el mundo y yo caminábamos
en esos pocos momentos, como si la grieta
o la euforia
no fueran aplicables
a lo que nos pasaba.
La gente sabe mucho más sobre esto

que una,
la gente sufre y tiene picardía,
y se alegra. Bueno,
sabe mucho más que una.

Por eso, ¿qué es la adultez
don Ortiz?
Si
no adolescer
ni morir
de tranquilidad
(¿sólo al final? ¿en el eterno final?)
o de intemperie.

(de *La calma*)

ÓPTICA IV

Creer o reventar, dijo
el sapo, la rana
que croaba reventada,
reventada de tanto haberle pisado encima.
Cuál era el charco
donde cobijarse, dijo el sapo, la
rana que saltaba, croaba
en la noche, esta noche que
no se acaba nunca.
Animales brutos
los que andan por ahí,
sin fijarse donde pisan, van a quedar
ciegos como ateos
van a quedar, ácido líquido
para el que pise o reviente a
este pobre sapo, pobre rana entre
charcos iluminados

por luciérnagas, cantados
por grillos, bichos de buena
ventura, cosa
de creer.

(de En el brillo de uno, en el vidrio de uno)

Pocas veces el ojo
es honesto consigo mismo.
Precisa la ficción
como el aire la boca.
El sueño ve
cosas que el ojo
ni imagina.
La honestidad no se reduce
a abrir
o cerrar
los ojos.
Parpadear debería ser constante.

(de En el brillo de uno en el vidrio de uno)

EL RITO

Levanten sus cosas,
sus muslos firmes, el canasto cargado
hasta el tope, todo para mantener
el agua fresca y caliente la leche,
todo guardado fuera del lugar ya;
cubran a sus niños del frío
y del ocaso,
levanten las reposeras, los detalles,

y dejen hablar al mar conmigo.
Las várices de las viejas
sufrientes o luchadoras o satisfechas
por lo que han hecho al cabo con sus vidas,
recójanlas
así como los hombres recogen menudencias
de su mediomundo,
esos que pescan con red,
y los bravíos que llevan el sedal lejos, lejos;
levanten,
hombres morenos de vellos tan rubios, las carpas,
aten las sogas con un lamento parecido a
hoy no me he hecho a la mar, tampoco hoy, y dejen hablar
al mar conmigo.
Chicos aturdidos por su rutina sonora,
levanten sus juegos, miren una vez más hacia la playa,
vuelvan,
vuelvan al hogar,
a la monotonía, a los detalles.
Parejas silenciosas, levántense a caminar,
a que la luna corrompa
la boca de cada cual, el pecho de cada uno,
hagan que las aguas por fin se abran,
como si nada,
levanten y huyan
amable, cuidadosamente
del ocaso,
de la espuma estéril que queda en la orilla,
y dejen conversar al mar conmigo.

(de *La dicha*)

DICHOSOS

Dichosos los que baten palmas
y hacen ruido con los pies,
y contestan a los títeres, al
actor que bromea y ríen,
dichosos,
el sordo que canta y silba
y el ciego afinado que mueve su cuerpo
y apunta su cara al cielo.
Dichosos los que saludan
por la calle,
bailan, sueltos
de andar, de nada para perder,
más pudorosos que Dios,
sinvergüenzas, dichosos.
Dichosos los que copulan
dormidos, y al despertar
copulan despiertos,
los viejos que charlan con
sus atadillos, y se burlan de las palomas
y del frío.
Dichosos los que lloran
porque son tristes
y los que ríen cuando
la lluvia empapa lo puesto
a secar, dichosos
el rojo, el azul y el amarillo.

para mis hijos

(de *La dicha*)

Jorge Boccanera

Nació en 1952 en Bahía Blanca, Provincia de Buenos Aires. Vivió exiliado en México y luego, de forma voluntaria, en Costa Rica. Entre otros premios recibió el Casa de las Américas, de Cuba (1976), el Nacional de Poesía Joven de México (1977), el Internacional de Poesía Camaiore de Italia (2008) y el Casa de América, de España (2008). Además de poeta es autor de obras teatrales, de numerosas antologías de poesía y de ensayos, entre ellos *Confiar en el misterio* y *Sólo venimos a soñar*, sobre las poéticas de Juan Gelman y Luis Cardoza y Aragón, respectivamente. Como periodista, fue jefe de redacción de las revistas *Crisis* (Argentina), *Plural* (México) y *Aportes* (Costa Rica); actualmente dirige en Argentina la revista *Nómada* de la Universidad Nacional de San Martín (UNSAM). Redactor de temas de política internacional y cultura en diversas agencias noticiosas, impartió cursos de Literatura y Periodismo en la Universidad de Costa Rica y en la Universidad Nacional de Lomas de Zamora (Argentina). Actualmente dirige la Cátedra de Poesía Latinoamericana de la UNSAM. Textos suyos han sido musicalizados y grabados por diversos intérpretes del canto popular como Mercedes Sosa y Silvio Rodríguez. Sus libros de poesía son:

Los espantapájaros suicidas, Buenos Aires, Mendaje, 1973.
Noticias de una mujer cualquiera, Lima, Canto Rodado, 1976.
Contraseña, La Habana, Casa de las Américas, 1976.
Poemas del tamaño de una naranja, Tacna, Perú, Sadín, 1979.
Música de fagot y piernas de Victoria, Rura, Lima, 1979.
Los ojos del pájaro quemado, México, Siglo XX, 1980.

Polvo para morder, Buenos Aires, Tierra Firme, 1986.
Sordomuda, San José, Costa Rica, Editorial Universitaria
   Centroamericana, 1991.
Bestias en un hotel de paso, Córdoba, Argentina, Narvaja Edi-
   tor, 2001.
Palma Real, Madrid. Visor, 2008.

POLVO PARA MORDER

A veces la palabra
como una copa rota donde morder el polvo
y otras veces un agua
de alumbrar.

Asomada a los cielos, la palabra,
es un tambor de polvo deshecho al primer golpe.
Remando en el infierno, la palabra,
es un agua posible sobre un manto de cólera.

Entonces, la palabra,
¿polvo, para morder en la oscuridad?
¿Agua, para alumbrar este cuerpo callado?

(de *Polvo para morder*)

RONDA INFANTIL

Niño que enamorado
bajás al aire de noviembre y
el suelo quema dondequiera.

Lágrima que transita
del ojo al labio
y quema.

Polizonte que viaja en un
bosque
de besos.

Niño que en rebeldía
bajás al aire y quema
por doquier.

Una bandera de ceniza y suelo,
una cuchara ardiendo el porvenir.

Soles de pan y abajo
el suelo hierve,
leches de bronca que te aclaman.

Niño que el suelo quema,
niño, que dondequiera,
pluma que flota en un cielo de sangre
y enamorado,
bajás al aire de noviembre.

(de *Polvo para morder*)

MARIMBA

A David Viñas y Saúl Ibargoyen

Éste es un poema tirado por caballos,
voy de pie, voy aullando,
una palabra brilla sobre mi lengua seca,
      polvorienta,
quiere trazar sus círculos concéntricos en un agua
      que cante.
¡Arre caballos!
Llevo «todo el hocico en llamas como un feroz ladrido»
(Bendito Mallarmé).

Yo soy el payador sobre cubierta
apretando una viola frente a la ciudad en ruinas.
Dejen libre la calle,
no canto porque sí,
y busco un mundo, otro.
Yo no enumero la cristalería,
quiero hacerla pedazos.

Éste es un poema tirado por caballos.
Vean arder mi látigo sobre el viejo tambor de la poesía.
Háganse a un lado, cargo
un espinazo, un fósil atado con alambre,
un enfermo de amor,
una huesera al rojo vivo,
una tumba de besos al fondo de mi carne.

Con este poema vago, divago, briago.
Yo payador,
las riendas,
el párpado a los tumbos.
¿Equivocado?
Como el que abrió un paraguas que el sol derribó
      a besos,
como el cielo que jura por la luz que lo alumbra.
¡A contrapelo vamos!
¡Volando!

¿Acaso alguien vio un sueño tirado por caballos?
¿Un tatuaje en el muslo que arrastran por el cielo?
Ahora se puede ver.
No hay imposibles en el vértigo de una cama de bronce
(tirada por caballos) donde salo tu carne de mujer.

¡Arre malditos, vamos!
Agiten sus collares de sangre.
Llevo espuma en la boca,
una navaja en cada mano llevo,
hilachas de otro rostro ganadas con sudor

y un anzuelo de plumas,
y un as de pocas pulgas,
yo quiero un mundo, otro.

Éste es un poema tirado por caballos,
éste es el payador sobre cubierta.
el espectáculo de la persecución estalla
y vienen ya las aves de rapiña
y las aletas de los tiburones,
y asoma la lava del volcán
y un derrumbe de piedras con el rostro de Aquélla.

Por eso ¡arre caballos!
hay que apretar el paso.
Yo espuelas, yo cananas, yo polainas, yo arenga,
atravesando sueños que se anudan en amargas regiones,
osamenta de voces de bruces en la tierra.
El paisaje, el lenguaje
(no hay quien tome nota de esta respiración agitada).
Cerca del carromato se agrietaron las calles,
nos sigue un ulular,
nos embiste lo incierto
(en el paquete del futuro no hallarás más que una muleta)
No entienden que yo quiero un mundo, otro,
yo cabriola, yo baile, yo marimba, yo quiero el
poema danzando sobre mi cabeza,
el cuello en libertad.

Éste es un poema tirado por caballos.
Van mis muertos aquí,
sus huesos hablan con el frío.
Este es un payador sobre cubierta,
sobre sus ojos una ciudad en ruinas.
Alguna vez su lengua fue una bolsa que apenas aleteaba,
pesada como el cuerpo de un ahogado.
Alguna vez su lengua fue un pedazo de trapo frente
        al cuerpo de la belleza.
Ahora quiere cantar. Y dice y grita.

¡Que nadie se me cruce!
Voy alerta, de pie,
pañuelo rojo, funyi, cuchillo, banderola,
atravesando sedas que se recuerdan en una antigua danza,
ángeles de chatarra engominados,
cortinados movidos por un guante vacío
y una cifra tristísima de gente que no está.

Yo soy el payador sobre cubierta
«mis versos van revueltos y encendidos como mi corazón»
(caro Martí)
Debo enterrar palabras en el fuego,
urge que entregue un par de cartas,
urge que llegue a un mitin,
debo entonar un himno,
urge que escuche a mi hijo su primera palabra
cuando ella lo oscurece con sus plumas de asombro.

No quiero la palabra saciada de sí misma,
ni la verdad dorada donde no cruje un pájaro,
no quiero almacenar saliva,
ni la tos delicada que recoge su aplauso.
Quiero besar el caos.
Los escombros del cielo no me dan de beber.
Yo soy un payador que quiere un mundo,
          otro,
y busca en el polvo del poema acaso una respiración
          inútil, boca a boca,
quizá un vaso de sangre donde no quepa ni una sola
          gota de miedo.
Así de día, tantos días
que abro los ojos en el barro.

¿Huir de este poema? ¿Arrojarme al vacío?
¿Tirarme por la borda? ¿En los brazos de quién?
¿Qué supuesta pureza? ¿En qué animal de signos que no
          sea este relámpago?
El lenguaje, el paisaje.

No me muevo de aquí,
va echando chispas este sueño.

Vi desfilar el miedo, la infamia, el verso flaco.
Los ojos van vendados debajo de los ojos,
la boca amordazada debajo de la boca
y una lengua estaqueada a mitad del silencio.
Yo soy el payador sobre cubierta.
No canto porque sí.
Humeando entré a la vida.

Éste es un poema tirado por caballos.
Cruza bajo los grandes árboles de la historia,
entre los delicados gestos de los mortales
          voy de pie, voy aullando.
Yo quiero un mundo, éste.
Yo me quito el sombrero.
¡Buenos días Señora del Placer!
¡Arrabales salvajes, buenos días!

                              (de *Polvo para morder*)

GALERÍA DE COSAS INÚTILES

El viejo león del circo no distingue
Entre un ruido cualquiera y un aplauso cerrado.
Para él, todos son ruidos.
Para él, todos los hombres son payasos.

                              (de *Polvo para morder*)

V

Yo respiro la selva, no lo ves pero yo la respiro
y voy sujeto al humo de su cuerpo.
El vapor de sus nombres sube por las cañerías de
    esta ciudad vieja.
Y respiro su sangre.
Aspiro la arboleda y es de un trago, con borbotones.
pelos de animal y cáscaras de fruta descompuesta.
Cosas que fueron otras se deshacen en el plateado de la noche.
Son estrellas podridas que acunan con aullidos, con un
    filo vidrioso y una piedra que duele a cualquier tacto.
Vivo en esa caverna sin paredes.
Entre sus inscripciones lo enmarañado tiene rostro
y los perfumes gozan su fugacidad eterna.

También en la noche de cemento respiro.
Agua insolente cruza debajo de mi almohada.

                    (de *Palma Real*)

Susana Villalba

Nació en Buenos Aires en 1956. Cursó la carrera de Dramaturgia y frecuentó distintos seminarios de cine. Creó y dirigió la Casa Nacional de la Poesía y los Festivales Internacionales de Poesía del Gobierno de Buenos Aires y de la Secretaría de Cultura de la Nación. Formó parte del consejo de redacción de la revista *Último Reino*. Es periodista cultural y dramaturga; ha dictado talleres de literatura y cine. Sus libros de poesía son:

Oficiante de sombras, Buenos Aires, Ediciones Último Reino, 1982.
Clínica de Muñecas, Buenos Aires, Ediciones Último Reino, 1986.
Susy, secretos del corazón, Buenos Aires, Ediciones Último Reino, 1989.
Matar un animal, Venezuela, Editorial Pequeña Venecia, 1995.
Caminatas, Buenos Aires, Ediciones La Bohemia, 1999.
Plegarias, Nueva York, Ediciones Pen Press, 2002.

SÉ QUE MI PETICIÓN ES PRECIPITADA

yo
yo y mí
yo y mi cuerpo fuimos a esa fiesta
yo bailé
hermoso rico y poderoso rozaba mi cuerpo
mi betty boop mi reina mi descalza
mi nombre es yonimeri yo también
fuego furia ¿fumás? fuimos a su casa
estás mojada no sé no hemos sido presentados
sumergidos suma de noches estera estambres estaba aterrorizada
profeta centinela sentí un automóvil rojo rubio el tabaco
su espalda fuerte trepaba mi caída infinitos funestos cafés
piedras para dormir me acompañaba a casa y olvidé decírselo
las palabras son monedas clavadas a la tierra
historias de susy siempre lo he sabido
cómo explicarte hubiese cupido calendario
perdida en los andenes al día siguiente mi cuerpo caía de un
                                        [piso 29
olvidé decirle que siempre nadie y yo nunca los amores
                                        [cobardes
lloraba no llegan porque los hombres etcétera
él era despiadado todo un hombre quemado de belleza
mi cuerpo gemía como un gato y lo envidié pero yo nunca
me meto en sus asuntos
dijo tu piel mi nena dame no sé qué cosa qué llave del infierno
yo hubiese declarado desplegado y estrenado un novio

hubiese dicho a mis amigas entrado en cualquier bar
hubiese hubiese vino que me matara
habrase visto tan chiquita y calentando bancos en la plaza
ay corazón si te fueras de madre
siempre la pena entre la pena y la nada
mi cuerpo roto pegado a lo sumido curioso rito de cucharas
                                  [en la mesa
sobre la mesa en la ducha él era el agua y me frotaba
                         [belladonna
dame en el centro de lo que siempre habla el espejo la sombra
del deseo era lacan sentado en mi escritorio
ah para su estudio oh para su análisis acabar era ver
mi cuerpo demasiado tarde dónde estuviste le decía
ay si supieras corazón ser látigo y dormir

(de Susy, secretos del corazón)

La puerta se cerró detrás de ti
golpeó la puerta la noche golpeó mi cara en caída pedí
que me salvara pedí más golpeó mi cara oscura nuevamente
golpeó la puerta cuando entró salvajemente hasta sangrar
pedí cámara escena que marcara el final de la memoria
pedí un pantano que hiciera lo que quisiera pedí que no
quisiera quedarse después vi antes de la sangre virgen
pedí altar de luna en el espejo que me vi pidiendo que
cortara el aliento como un lobo cortara la carne enterrada
bajo las espigas la sed se precipita hacia la tierra
pedía que me atara a la puerta no escuché el silencio el
viento golpeando la ventana se fue y no había sol que
celebrara tigre de una dentellada ni cuerpo que llevara
la muerte hacia la copa

(de Susy, secretos del corazón)

LA MUERTE DE EVITA (fragmento)

Llovió como si nunca fuera a terminar. Y nunca terminó. Toda la tarde llovió como si fuera de pronto otro lugar. El pueblo seguía la táctica del agua una vez más. Una vez más la gente se parecía al cielo y el cielo nunca. Nunca estuvo más lejos que esa noche. Madre de dios, nuestra difunta, levante los jirones de nuestro corazón.

Al agua del sueño, jirones de alma, de nuestro cuerpo llevanos vos que no tenemos dónde llevarte. Tu cuerpo se esfuma como una voz.

Como la seda cruje un paso en la sombra, un eco de jinetes negros. Escondanós en los pliegues de su muerte, de su pollera, en el vacío Pampa guarde nos como un viento que se detuvo para siempre en su bolsillo. Descanse, que el mundo no existe más.

Sigue lloviendo y es la misma plaza, el subte con asientos de madera, mamá no podía llegar, corría, no me encuentra, yo no la encuentro, como un perro que no alcanza su cola, no alcanza su tiempo.

No había nacido yo pero ella estaba ahí, bombardeaban la plaza, esta misma, damos vueltas, mamá corría a una playa de estacionamiento y perdía un hijo, no era yo, yo no la encontraba, todavía no la encuentro, ella no me reconoce porque todos corren, la empujan, sube a un tranvía hacia cualquier parte, dice que es mentira, algo estalla bajo la lluvia. No escuche abanderada, venga a nos, a llevarnos a su país en blanco y negro.

Mamá da vueltas, doy vueltas, vamos al cine, ella se viste como Zully Moreno, la ciudad está sembrada de nomeolvides. No nos olvide ilustre enferma, somos un cuerpo que se corrompe bajo la lluvia, vidrio, un día embalsamado. Miramos fotos. Papá no aparece. No está. Un auto zumba en la noche. Llovió durante quince días.

Estoy acá, no me ves pero estoy, corriendo en la misma plaza. Camino por las mismas veredas, como vos del trabajo voy a casa y en casa también llueve, todo huele a humedad, a asfixia. La niebla está adentro, en todo el barrio, se ven pocos

negocios abiertos, poca gente en la calle. Cae la noche como
si fuera consecuencia de la lluvia, como si fuera la lluvia lo
único que queda.

La gente forma fila durante días para irse con ella, adon-
de sea, adonde vaya. No desate los nudos santa que ya no va
a parar. No para nunca esta caída.

Mamá escucha radio. Papá no escucha. Yo todavía no
existo. Somos los Pérez García. En el patio llueve. El reloj se
detuvo. No los encuentro, son de otro mundo.

Hay una marcha de antorchas, de lágrimas, de lluvia, es-
tampitas, carteles, está en todas partes. Está en la radio pero
no se la ve. Santa de los anillos, virgen de las capelinas haga su
magia, háganos aparecer.

Que aparezca la casa, los azahares, luciérnagas, el tren.
Diga una sola palabra que detenga la lluvia. Mamá con un ves-
tido de flores, una plaza, un sol con pinturita naranja. No es
que creíamos, estábamos ahí.

Damos vueltas en la bruma, en la tregua de una fina llo-
vizna. Incluso la tristeza que aparezca si es común, como
cualquiera que está triste una tarde. Y otra no. Que aparezca
la muerte si parece de una vida, si toca. Lo que sea en propor-
ción al tamaño de un hombre, del árbol, de una casa.

(de Plegarias)

LA PANTERA

Matar al animal
requiere un animal
sin sombra.
Vas caminando por un monte
o te parece, no sabés dónde estás;
creés que lo sabías
cuando llegaste.
Ese negro

bien puede ser una pantera
o mujer,
no te das cuenta.
La mirada salvaje te gusta,
no, te calienta.
No, te mira
como quien no comprende
dónde está.
Ya estás perdida,
tendrías que llevarla a tu casa
pero sabés cómo termina:
un animal herido
siempre ataca.
Tendrías que matarla,
ahora,
antes de que sea tarde
o por piedad.
Pero esa mirada es una trampa,
si es pantera
sabe matar mejor
que vos.
Nadie sabe tu nombre
aquí
y ahora él
o mujer te da la espalda.
Pensás en un Remington
liviano
de distancia corta.
Pero nadie escucharía,
Red Hot los distrae,
a vos también.
Y no se mata por la espalda,
lo viste en las películas
o creés en eso.
Matar
es otra cosa.
Ahora te mira y ya sabés,
vas a llevarla a tu casa.

Está tocado por la gracia,
está a la vista
o vos lo ves, no estás segura,
o tiene algo
que creés comprender.
Y sin embargo
sabés cómo termina:
no sabés cómo
te hirió si te quería.
No querés acercarte,
te mira como miran los gatos
cerrando los ojos.
Se apoya en la barra
frente a vos,
los dos están perdidos.
Pensás en el Remington,
nunca tuviste uno.
Matar es otra cosa.
Nadie parece comprenderlo,
el negro tampoco pero ve
que tenés un cigarrillo
en la mano
y otro ardiendo
en el cenicero;
se acerca y lo fuma.
Estás perdida,
creés saber cómo termina
y volvés a equivocarte,
apaga el cigarrillo
y se va.
Ahora nadie
se parece a tu deseo.
Y es que no se parecía.
Una pantera perdida
en su memoria
o forma de mirar
o lo que fuera
que no vas a saber.

Tomás un taxi pensando
demasiada belleza no es el móvil,
es la coartada.
Para matar a una pantera
hay que cerrar los ojos.

(de *Matar un animal*)

TAXI BOY

Preferís la clásica
Red Ryder, es necesario
que no queden restos,
que el disparo suene
a la palabra Winchester,
con eco en una piedra.
O a Chinatown, el opio
de soltar el arma
como si el muerto fuese quien gatilla
contra su último objetivo.
No es la muerte necesaria
sino el disparo,
ahora lo sabés.
Y no es el caso
un francotirador
sino el que sale a disparar
o entra en un bar
quitando la espoleta a una granada.
Lo que concluye con puntos suspensivos,
ahora sospechás, tuvo otra trama,
ese silencio
presagia una verdad como zarpazo,
la historia que creíste
se defiende
como un animal contra una sombra.

El taxi-boy asesino,
quien creía desear es finalmente
presa
de quien tampoco sabe
a quien quería matar
hasta que lo reclaman.
Lo que elegís es un arma,
al menos la Ryder tiene algo
de vaquero,
diseño personal con arabescos
en la culata de madera.
Quisieras una mira
para matar lo que no existe
o no sabés qué es
que te mantiene todavía a la espera
de un roce entre las hojas
de tu libro
abandonado.
Perdiste el hilo,
estás mirando por la ventana,
llueve ahora
como debiera llover en una selva,
desde un piso no ves sino que cae
la lluvia y en esa condición
irreparable de caer
existe.

(...)

Todo no sabés,
disparar por ejemplo
un rifle te hizo caer
y el partido te dio una Beretta,
nunca se sabe y no la quisiste,
además no entendiste que era en serio.
Te gusta la Red porque es atemporal,
el modus operandi determina la víctima.
O el Red,

rifle, escopeta, no sabés
si es una diferencia de palabras,
como todo.
Red Hot, Roy Ryder,
suena a comedia justiciera,
Annie Oakley, como vos,
una chica que toma las riendas
de la nada
en medio de un desierto
de maqueta.
Perdiste el hilo otra vez.
Perdiste el momento del disparo
como el viejo cazador
que vive relatando cuando hubiese
el asta más hermosa;
no quería cazar sino contar la historia
puliendo las palabras cada vez
como quien saca brillo a un Winchester.
Perdiste el tiempo,
tenías que salir aunque lloviera
pero volvés a la novela,
al catálogo,
a mirar por la ventana.
No apuntás a matar
sino a encontrarte con sus ojos.
Una mirada que se fuga
te vuelve un animal desconocido.
Perdiste el hilo de tu historia
y creés disparar
es retomarla.
Pero no importa lo ocurrido
sino lo que relates.

(de *Matar un animal*)

SEÑAS PARTICULARES NINGUNA

Acérquese,
sí, usted,
no tanto,
siéntese junto a la ventana,
encontramos cenizas en ese sillón,
usted fuma.
Se acercará después,
observe la posición,
la ropa quemada
por la distancia corta
y no hay huellas de arrastre.
En el cuerpo de la víctima
se encuentra a su asesino,
cuando se ilumina la carne,
bajo la corrupción
se revela el verbo.
Si encontramos veneno,
99 en 100
lo suministra una mujer,
con menos frecuencia
elige arma blanca,
con arma de fuego
nunca dispara a la cabeza.
7 de cada 9 tienen coartada
aun sin estrategia,
la mujer vive
para la salvación.
Su rencor es minucioso
y lento,
su percepción de los detalles
asombrosa.
Observemos la escena,
no tropieza,
no deja nada fuera de lugar
y si rompe todo
analicemos qué

testigos muertos.
(...)

El alcohol, en realidad,
enfría,
todo es igualmente estúpido,
sentada en el piso
mirando discos.
Si nunca compartieron esa música
ni tantas otras cosas.
Corazón,
no le pido que se emborrache,
yo no le pido nada.
Pero usted puede entenderla
¿está furiosa?
de acuerdo, confundida.
¿Y ahora?
¿Suena el teléfono?
Ella no atiende
pero escucha a través del contestador,
alguien cuelga.
No, no se ría,
tenemos registrados
los últimos mensajes,
la realidad siempre es más tonta
de lo que se cree.
¿Por eso rompió el vaso?
¿Por qué no recogió los vidrios?
Suena la llave
en la cerradura,
yo entro, le pregunto:
¿cómo entraste?
hay que interrogar al portero
¿tomaron nota de todo?
Ella se arrepiente
de haber roto la carta
¿no?
tiene razón,

ahora están frente a frente.
Míreme,
faltan diez minutos
¿qué podemos hacer?
Me sirvo un whisky,
pongo un tema
como si viniera pensándolo
antes de entrar.
Ahora sí, saque el arma,
diga: un último mensaje
¿duda?
apúnteme.
No, así no.
Como si el mundo fuese opaco
y a la vez demasiado
estridente,
se siente anestesiada
y ansiosa al mismo tiempo.
Pero usted espera algo.
Y yo cometo un error,
un gesto
¿de?
desproporción.
Acérquese,
yo arqueo las cejas,
usted dice
—siempre dicen algo—
que el malentendido nos una,
es lo único que tenemos.
Siempre se espera un poco,
faltan...
¿ése fue el gesto, dice usted?
Ahora apunte
como para disparar aquí.
No, así no,
recuerde:
usted me ama
y de todas maneras

me pierde.
Dispare.
No importa que usted lo sepa,
ella también, de otro modo,
siempre se sabe:
el cadáver
tendrá la última palabra.

(de *Matar un animal*)

Jonio González

Nació en Buenos Aires en 1954. Reside en Barcelona desde 1983. En 1981 cofundó y codirigió (con Javier Cófreces) la revista de poesía *La danza del ratón*. Ha traducido a Sylvia Plath, Anne Sexton y John Berryman, entre otros. Es técnico editorial y crítico de jazz. Sus libros de poesía son:

Onofrio. Grupo de poesía descarnada (con Javier Cófreces y Miguel Gaya), Buenos Aires, Crisol, 1979.
El oro de la república, Buenos Aires, Ediciones de la Claraboya, 1982.
Muro de máscaras, Buenos Aires, Libros de Tierra Firme, 1987.
Cecil, Buenos Aires, Utopías del Sur, 1991.
Últimos poemas de Eunice Cohen, Barcelona, Plaza y Janés Editores, 1999.
El puente, Vic, Emboscall, 2001; edición ampliada, Buenos Aires, Ediciones en Danza, 2002.
Ganar el desierto, Buenos Aires, Ediciones en Danza, 2009.

CABEZA BORRADORA

2

muerde la cadena:
no sabrás de ella
más que la debilidad
de tus mandíbulas

tú no eres ella

y no posees otra cosa
que el deseo
de poseerla

muerde la cadena:
muerde más cuanto
más dura

es tu propia carne
a la que muerdes

(de *Muro de máscaras*)

RAFAEL: LA LAPIDACIÓN
DI S. STÉFANO ARAZZO

ven en auxilio de la muerte
oh fatídico querer

deseo

extrañado de su alma

(de *Muro de máscaras*)

el encuentro de los náufragos
suele ser silencioso
explican su participación en la tragedia
con frases intercambiables

pasado el tiempo pretenden olvidar
o no pueden olvidar
o no se permiten olvidar
viven sedientos del agua
que les llega al cuello.

(de *El puente*)

MÁS DE LO MISMO

árido corazón
róbame el cuerpo

todas mis enfermedades son mortales

(de *Últimos poemas de Eunice Cohen*)

PERRO NEGRO

el hacha de los actos
semeja el pensamiento
una palabra es una palabra
yo disipaba tu realidad
te esperaba cada tarde
eufórica
doméstica

una palabra es una palabra
y la cuerda que te até al cuello
fue la cuerda que me até al cuello
un señuelo

una palabra es una palabra
no deja deuda sin cobrar

(de *Últimos poemas de Eunice Cohen*)

THE RIPPER

III

oh Liz
oh Liz
ven Liz ven
¿hay algo más natural
que tu espalda
más olvidado?

ven ven

anzuelo de sed

(de *Últimos poemas de Eunice Cohen*)

VIRAGO

II

la próxima palabra
será incomprensible

ah corazón deja de hablar
no me aturdas una y otra vez
con tu mirada decente
con tu camisa limpia

se sienta a la mesa
bruñido por el sol de mil batallas

(de *Últimos poemas de Eunice Cohen*)

ADDENTA: CARTA A THOMAS BOBERG

es imposible
—ya lo habrás advertido—
sustraerse a pesar de Celan
y el vino áspero y regio
que bebimos sin medida
a la sensación de que
nos deslizamos hacia la mudez:
si esa música de bosques
alzados sobre las cenizas
de tantos muertos
pudiera ayudarnos
sin duda echaríamos a andar
como niños
entre las gastadas astillas de los trenes

¿o acaso la topografía de Czernowitz
testigo de idas y venidas
de la muerte
o las estrellas fulgurantes
sobre nuestros pasos por callejuelas góticas
son —han sido— la leche negra
de unos barracones vacíos que se precipitan
sobre cualquier recapitulación posible?

Somos nosotros en la rueda del vino
rendijas por las que entrever
el cadáver de larga cabellera
el ojo de la madre
separando del libro cada membrana
cada gránulo maligno
para emplear palabras de quien
aun a sabiendas de la existencia de los templos
cerró su cuerpo
a cualquier bendición

(de Últimos poemas de Eunice Cohen)

lo mismo la rama
que su sombra

así el olvido

(de Ganar el desierto)

ganarás el desierto
buscarás en los pajonales
dirás he escapado

dirás no he de pagar
mis días serán como esta tierra
más de un puñado
más de dos
de fatiga
pero no me alcanzará
la vista del juez
del verdugo
seré como el polvo
sobre el lomo de las bestias
la razón de la riqueza de otros
el destino del que repite
hasta el aturdimiento
las palabras

(de *Ganar el desierto*)

Fabián Casas

Nació en Buenos Aires, en el barrio de Boedo, en 1965. En el año 2007 obtuvo el premio internacional Anna Seghers, que se otorga anualmente a un escritor joven. Libros de poesía:

Tuca, Buenos Aires, Libros de Tierra Firme, 1990.
El salmón, Buenos Aires, Libros de Tierra Firme, 1996.
Oda, Buenos Aires, Libros de Tierra Firme, 2003.
El Spleen de Boedo, Bahía Blanca, Ediciones Vox, 2003.
El hombre del overal y otros poemas, Bahía Blanca, Ediciones Vox, 2007.
Horla city en *Horla city y otros*, Buenos Aires, Emecé Editores, 2010.

También tuvimos una guerra.
Ahora somos parte de Hollywood.
Ese chico con la cabeza vendada,
que antes era Roli,
dice llamarse Apollinaire.

(de Tuca)

La radio anuncia precipitaciones aisladas
ningún parte sobre mi corazón.
Sólo precipitaciones aisladas,
un frente de frío que avanza
sobre la ciudad donde vivo.

(de Tuca)

SUENA EL TELÉFONO Y ME DESPIERTA

Suena el teléfono y me despierta. Es mi padre.
Quiere que vaya a visitarlo.
Mientras lo escucho me refriego los ojos
y miro a través de la ventana

que semiabierta deja entrar el resplandor del sol.
Quedamos en vernos a las doce. Corto.
Dentro de un rato me vestiré y saldré a la calle,
pensaré algunos temas para hablar mientras comemos,
porque no me gusta,
no me parece bueno,
quedarme callado cuando estoy con mi viejo.

(de *Tuca*)

PRELUDIOS

Cinco

Malviolo, en serio, te digo,
Olvidá tu vanidad.
No somos animales fabulosos.
Somos tamagotchis asustados bajo el granizo,
Perritos de ceniza, clauditos, X...

Seis

¿dónde están los que acusaban, Malviolo?
¿Se fueron todos? Salgamos entonces
Y no pequemos más.

(de *Oda*)

EN EL VIDRIO

Después de insistir mucho,
conseguí quedarme solo con mi madre.
Un guardia gordo, que mascaba chicle,

me llevó hasta el lugar de visitas.
Estaba ahí, de pie, con su delantal naranja.
Separados por un vidrio inmenso
nos sentamos uno frente al otro.
Ella agarró su teléfono, yo agarré el mío.
Su idioma era un extraño
caminando por una voz muy débil.
Entonces, viendo mi desesperación,
se acercó al vidrio
y lo empañó con el aliento.
Con el dedo índice escribió ahí
el día y la hora en que va a resucitar.

(de *Oda*)

ESTUDIO SOBRE UN POEMA DE DYLAN THOMAS

Vi a los muchachos del verano
arrebatados por el sol, en celo
con los pies llenos de arena
viviendo en cautiverio
en pequeños departamentos alquilados.

Los vi parados en su ruina,
hormigueando en el brazo dormido de la ley
a la salida de las discos, en la vereda del casino.

¡Ah, muchachos del verano!
cobanis, falsos surfers,
el hit de la temporada estancado
en el cerebro del bañero.

(de *Oda*)

MAY BE FORCE BE WITH YOU

Con los pies hinchados en la palangana,
Glorita debe estar pensando en qué momento
dejó de ser la Princesa Leila,
para casarse con ese hombre que duerme
—los pies amarillos y el sudor tatuado—
en el medio de la cama matrimonial.

(de *El Spleen de Boedo*)

MEDITACIÓN

para Silvina Climis

Sitiado por los cigarrillos y el whisky,
escucho que alguien mete mal un cambio en la calle.
La noche es dura y las noticias son malas.
¿Guardo la Elegía en el freezer
para comerla cuando llegue la inspiración?

Que quede claro:

Esos globos inflados con gas
pegados al techo
donde hubo una fiesta,
son mis sentimientos.

(de *El Spleen de Boedo*)

LOS CICLOS

Estuve charlando con tu verdugo.
Un hombre pulcro, amable.
Me dijo que, por ser yo,
podía elegir la forma en que te irías.
Los esquimales, explicó, cuando llegan a viejos
se pierden por los caminos
para que se los coma el oso.
Otros prefieren terapia intensiva,
médicos corriendo alrededor, caños, oxígeno
e incluso un cura a los pies de la cama
haciendo señas como una azafata.

«¿Es inevitable?», le pregunté.
«No hubiera venido hasta acá con esta lluvia», me replicó.
Después habló del ciclo de los hombres, los aniversarios,
la dialéctica estéril del fútbol, la infancia
y sus galpones inmensos con olor a neumáticos.
«Pero», dijo sonriendo,
«las ambulancias terminan devorándose todo».
Así que firmé los papeles
y le pregunté cuándo iba a suceder...
¡Ahora! dijo.
Ahora
tengo en mis brazos tu envase retornable.
Y trata de no llorar,
de no hacer ruido,
para que desde lo alto
puedas hallar
la mano alzada de tu halconero.

(de *El Spleen de Boedo*)

Edgardo Dobry

Nació en 1962, en Rosario. Es doctor en Filología Hispánica por la Universidad Central de Barcelona. Ejerce la crítica literaria en diversos medios de Argentina, México y España. Ha publicado el libro de ensayos sobre poesía *Orfeo en el quiosco de diarios* (Buenos Aires, Adriana Hidalgo, 2007). Es miembro del consejo de dirección de la revista *Diario de Poesía*. Vive en Barcelona. Libros de poesía:

Tarde de cristal, Buenos Aires, Ediciones Último Reino, 1992.
Cinética, Buenos Aires, Libros de Tierra Firme, 1999.
El lago de los botes, Barcelona, Editorial Lumen, 2005.
Cosas, Barcelona, Editorial Lumen, 2008.

MANDADO

Tendría unos nueve años
la tarde en que mi madre
me dijo andá a la frutería
de la otra cuadra y traeme
un quilo de esas peras que Agustín
robó en Tagaste en el año 370.
Fue mamá ella misma esa vez
la que dijo quedate con el vuelto.

(de *El lago de los botes*)

ASADO EN SOLDINI

> *Fue para mí una maravillosa sensación*
> *Encontrarme apoyado en las almohadas, en*
> *Un cuarto débilmente iluminado.*

W. H. HUDSON, *Allá lejos y hace tiempo*

La escena debe mirarse
con algo que está
más adentro de los ojos
o quizá en ninguna parte,

es atributo de esta luz.
Hoy en Soldini, cerca de la Ciudad Nativa,
los perros saciados de restos de asado
se revuelcan en el pasto y los chicos
se revuelcan con los perros
en un nudo de risa salvaje,
las remeras sucias de clorofila
y las redondas bocas mordiendo una rosada
luz horizontal. Mis primos mayores mostraban
la tristeza: hijos que se van o planean irse
a Sydney, Ámsterdam, Vancouver,
y yo, quince años después
de haber dejado este paisaje
con una ligereza de pronto inexplicable,
no sé cómo se puede
no vivir acá, no vivir aquí.

Luca ahora juega al fútbol con su primo Pablo
en una canchita entre una yegua que mete
el hocico hasta los ojos en un balde celeste
—se llama Rubia va a decir su ama,
una mujer robusta sonriente,
que podría ser india o tirolesa,
que debe ser una mezcla de las dos—
y el tren de carga más lento del mundo
coronado de un copete quieto de vapor.

Tengo que ir a Buenos Aires,
dejar a Luca con su abuela
y tengo al mismo tiempo ganas infinitas
de no hacer nada, de quedarme
respirando el ascua de este cielo rosa,
dormir en la que fue mi habitación
con mis libros de antaño, cortado a rodajas
por la persiana entreabierta,
quedarme leyendo *Luz de agosto*:
una chica con hatillo y abanico
que camina de Alabama a Jefferson

buscando al padre de su hijo.
Y así, en duermevela sobre la frazada de flecos,
soy yo, soy yo el que camina,
cargo una mochila de libros deshojados,
por declives bromurazos voy
de un mundo a otro,
llevo un niño de la mano.

(de *El lago de los botes*)

CUATRO FRAGMENTOS DOMÉSTICOS

3

Le repugnaba a Zaratustra
el mundo que el hombre había
domesticado en retículas y calles;
al llegar a la ciudad
miró los edificios
y después a sus alumnos:
¿«Acaso puede el hombre
tener aquí morada»?

Pero yo vivo en una cama.

(de *El lago de los botes*)

CREPÚSCULO EN EL PARQUE DEL PUTXET

Primavera de sanguíneas
flores de memoria,
pasea por el parque

entre perros y petancas
la mariposa de seda
sobre una canción de Domenico Modugno.

(de *El lago de los botes*)

EL CLIMA MEDITERRÁNEO
(II: otoño en Cadaqués)

Sale la luna en enagua
y estira hasta el puerto blanco
—los botes cabeceaban
como mulas ensilladas—
su senda de caracol,
su yoyó lento de mica.
Sale la luna y la húmeda
camisa le pesa tanto
que ya no puede coronar su «i»,
como aquella que vio en China
el poeta de Entre Ríos
y evocaba a sus amigos,
extrañaba el Gualeguay.

Octubre raleó las calles
del pueblo hasta hace poco
enterrado en autos
y lo que esta punta del mundo
fue hace siglos se refleja
en el cubilete de guijas
que la espuma arroja y cuenta
(y cuya edad es el promedio
entre la lava y la arena).

«Es otoño, muchachos, salid a caminar»,
escribió el poeta en su costa

bajo aquellos eucaliptos flacos como espárragos,
él mismo flaco y sus versos largos
y frágiles como bigotes japoneses,
como palitos chinos recientemente tirados.

Pero aquí el otoño es del sol que al ocultarse
destila vino en la cresta de las olas
y en el aire violeta las chimeneas zumban
vaho de piñas sin fragancia,
aquí el otoño es de la luna en enagua
ya adulta cuando sale detrás de la montaña.
Es octubre, muchachos, volved temprano a casa,
reuníos juntos al fuego,
atisbad el camino de la luna,
la novia del rocío, demasiado puntual,
demasiado vestida en sus tules de noche.

(de *El lago de los botes*)

TMB

Tiembla la vereda,
el metro pasa debajo,
no digas que el gorrión es una fusa
en el pentagrama de tiza del avión
que acá no bajará,
di: el estruendo estéril del avión,
di: ese grito de tormenta evaporada.
Di que los peruanos
pasean viejitos por la Vía Layetana,
di: ciudad agujereada,
entraña de ciudad,
bolo de gente que se apura,
perpetua indigestión,
exudación por escaleras de granito.

Di: donde hubo un cine hubo
una casa ocupada, hay un baldío,
di: por eso la puerta del juzgado
está manchada de pintura,
di: en una conversación de sobremesa
alguien contó que su abuelo
tenía un peruano que lo paseaba
y ahora busca otro peruano
porque lo paseaba bien,
«debe ser la paciencia de los indios»,
fue el comentario de alguien
y también, después, puedes decir:
en esta ciudad el científico
sol de los semáforos
cría enjambre de motos
intoxicadas de impaciencia.
En esta ciudad,
di, el metro amasa gente
que nunca llega a tiempo,
no es culpa del TMB,
es indigestión perpetua,
helicoide hermética de rieles,
túnel estigio, subciudad doliente.

Tiembla la vereda,
no digas que hay volcanes,
di que la tormenta persigue a los aviones
de tiza que acá no bajarán
y el mar nunca se inmuta,
di que el metro pasa justo por debajo
del viejito que un peruano
sostiene por el codo.

(de *El lago de los botes*)

AIRE CANSADO

Esculpido en la materia
espesa del pasado, invisible
y como mármol dura.
Aire cansado que no rinde,
que se corta entre los bronquios
y se cuaja en el afuera:
vaho que todo lo atraviesas,
aspa tu hilo sobre el esternón.

(de *El lago de los botes*)

33

Sonara el teléfono en la noche plena
y mare dijera perdoname
si te despierto desde donde llamo
la diferencia horaria es cada vez más grande
y de mí quedara nada
si vos no me atendés.

(de *El lago de los botes*)

Martín Gambarotta

Nació en 1968, en Buenos Aires. Fue escritor residente en el Banff Center for the Arts, en Canadá. Combina su actividad literaria con el periodismo. En 1995 obtuvo el primer premio en el Concurso Hispanoamericano de Poesía organizado por *Diario de Poesía*, de Buenos Aires. Actualmente es analista político y editor en el diario *Buenos Aires Herald*. Libros de poesía:

Punctum, Buenos Aires, Libros de Tierra Firme, 1996.
Seudo, Bahía Blanca, Ediciones Vox, 2000.
Relapso + Angola, Bahía Blanca, Ediciones Vox, 2004.

PUNCTUM (fragmentos)

28

Gamboa anota:
La violencia organizada
es superior porque permite
perpetrar reiterados hechos de violencia
contra el sistema. Para derrotar al sistema
hay que lograr una organización superior
al sistema, golpearlo varias veces hasta
desorganizarlo. Que la inteligencia revolucionaria
supere la inteligencia de la reacción. Pero bueno,
acá los negros saben que no queda otra,
quieren quemar la Gobernación y salir
con la cabeza del gobernador al que votaron
clavada en una tacuara, gritando
patria o muerte, chorreando sangre oficial
por los pasillos, jurando que van a usar
el cráneo de tal y tal de cenicero, los dedos en V,
prometiendo vino gratis por las calles llenas de polvo
y todo el año carnaval, etc.

....
El criminal que lee una historieta
en Skorpio se siente identificado
con el dibujo del hombre en cueros
tendido en la cama grande

limpiando un arma perecida a un rayo negro.
Sabe, aunque sea un estereotipo de su realidad,
por qué el criminal de la historieta,
en este caso un asesino a sueldo,
dice: me tengo que ir y cambiar de escondite.
Lo mismo Gamboa cuando ve en el televisor
las sobras de una revolución fallida
llevadas a juicio por un asalto guerrillero
repudiado por los partidos en las solicitadas de la tarde.
Los ojos enmudecen, la garganta se seca,
se manotea un cigarrillo volcando, de puro torpe, un vaso.

Para Gamboa la organización
no es la cosa más bella,
la organización es la belleza misma.
Por eso no soporta
ver las cosas del desayuno
terminado dejadas sin levantar
en la mesa.
Están el pan y la manteca,
sobras de pan con manteca y dulce,
el tarro de dulce de leche sin tapa,
las tazas apiladas una encima de otra,
miguitas quemadas, la cuchara, hormigas
paseando por el mantel de hule,
los saquitos de té, secos ahora,
fósforos usados, la tostadora
sobre la hornalla apagada,
una bolsa de arpillera verde colgada
al picaporte de la puerta, un libro
de ajedrez en la mesa, marcando el lugar
del desayuno de ayer
o el de hoy dejado así como está
por Gamboa, como pocas veces hace,
tratando de encontrar un orden perdido en la desordenación,
un mundo en el submundo revuelto,
cada cosa, el ejemplar doblado de *La Calle*
ocupando un lugar en la mesa

ubicada en el «comedor diario»:
una mesa en la cocina,
siempre ordenada, mejor, organizada
por Gamboa, pero esta vez no.
La base de una taza
entra en otra taza y así
se puede apilar taza
sobre taza como quien apila una taza
arriba de otra taza en forma de torre
pero no como quien apila ladrillo
sobre ladrillo para hacer una pared
y poner en fila a todos los traidores y fusilarlos
uno por uno. La guerra termina pero sigue
en la cabeza del combatiente. El combatiente
más peligroso no es el que está cerca de la victoria,
el combatiente más peligroso es el combatiente resentido,
que se sigue considerando un combatiente después de la guerra,
gordo, retirado, con una barba a medias, sentado en la tribuna
mirando el clásico local que gana Deportivo dos a cero,
reacomodando las ideas que caben envueltas en una hoja de
                                                    [parra.
Hay que ganar el clásico de local. Hay que ir después
hasta el almacén con tres envases vacíos
y volver con tres llenos, en la nochecita fernet,
cuando la gente vuelve de la cancha,
los del Deportivo por una vereda,
los de Juventud por la otra.
Los del Deportivo que vuelven en camionetas
y autos haciendo sonar sus bocinas;
la hinchada de Juventud cruzando la vía.
Hay que poner dos botellas acostadas en la heladera
y destapar la que se dejó sobre la mesa y tomar.
Olor, de nuevo, a espirales. Afuera, alguien prueba un arma.
Más atrás, si el ruido tiene ubicación en el espacio,
los bombos de los de Juventud llegando al barrio:
truenos negros no precedidos de relámpagos.
Gamboa le saca punta a un lápiz y entonces la tormenta.
Eso le gusta.

....
Anota.

Así en la antigüedad
el hígado ocupaba el lugar sentimental
que después le tocó jugar al corazón.
Hacían paté con el hígado de Hamlet
y se lo comían en rodajas tostadas.
Está de más decir
que esa teoría fue amputada
snap
por la mandíbula
de una planta carnívora
que la historia
fija su precio por cabeza,
dicho de otro modo:
toda sangre derramada
viene de antemano negociada.

29

Una mente sajona
en un cuerpo italiano,
cuerpo que únicamente
puede pensar su cabeza.
Un Rey David bien proporcionado
con el tabique deforme
—sangre en la encía,
el tic de masticar
con la boca vacía.
La mueca registrada,
la lengua de reptil
que separa la carne
de las espinas, levantándose
cada 2 × 3 para mojarse la cara.

Gamboa sigue, anotando:
Satélite al que le quitan
el objeto en torno al cual gira.
Destruir el objeto alrededor
del que rota el satélite
es destruir el satélite.
Destruir la suerte
de los estados satélites.
Y éstas son líneas acerca de la destrucción.
Así, alguna vez se pensó que a falta
de una fenomenología personal la muerte
de un objeto era un doble final.
Pero a diestra y siniestra ahora resuenan
las detonaciones de un alfabeto sucio
dando cuenta de la inexistencia real
de toda escena y sus marcas.
La marca en este caso es
un corte menor en la mano.
....

Tickets para comida.
Fiesta en el jardín.
Por algo esos fundamentalistas
no dejan que el estado
eduque a sus hijos.
Los mandan a esos colegios
donde hay que pagar entrada para estudiar.
Y empezando de cero:
cero por cero, cero
cero por uno, cero
cero por dos, cero
y así hasta llegar
a una raíz cuadrada,
una raíz enferma,
que cabe envuelta, ésa es la idea,
en una hoja de parra.
Si hubieras sobrevivido
verías esto: un número

especial de Kiss Fever
en el colchón, discos
de los Cachimbas in Hell,
una adicción moderada
a la programación satelital,
gente acusándose mutuamente
de periodistas, futuros redactores de Para Ti
empedándose en muestras fotográficas,
gente volviendo con alteraciones
de las escuelas de arte.
Un ex maquinista pelando pollos
en Basavilbaso.
No serías peligroso.
No asustarías a nadie.
Se te escucharía mover
los brazos bajo el agua
con los ganglios inflamados:
si volvieras a aparecer desaparecido
serías un mono rehabilitado
repudiado por los partidos de tarde en tarde,
en las solicitadas pagas de los diarios,
acusado de nadar crawl nervioso
con campera de piel de pescado en la noche pulmonar.

....
Gamboa anota PD:
El enemigo en ropa de invierno
en verano el enemigo dice
lo que está haciendo la banda
es música enemiga, el enemigo
posa delante del espejo
y hace que toca la guitarra eléctrica.
El enemigo tiene estilo
robado de Canal 13,
el enemigo de la leche
que se toma en barrios enemigos
apreciando la arquitectura enemiga,
el enemigo puso una confitería enemiga

el enemigo sabe que no quedan
ideas enemigas, el enemigo anota
que anduviste en una pick-up
embarrada por el camino negro
buscando el local donde tocaba,
que pediste la vuelta del número 8 herniado
y que te ahogás de noche,
el enemigo no usa la palabra
enemigo, el enemigo
sabe que nadie juega
con la palabra enemigo,
que no se puede definir,
el enemigo
tiene en claro
cuáles son las luces
enemigas, los planetas
enemigos, las piedras
enemigas, las zonas
enemigas, el enemigo
compagina ideas enemigas,
por ejemplo, compagina la rendición
de tal y tal para el noticioso de la tarde
ambientando las tomas del allanamiento final
con una música clásica
donde los graves van
más rápido que los agudos.

....

30 (fragmento)

Yo estaba a cargo de la operación.
Hacía dos días que teníamos al Capitán de Navío
en un departamento seguro del centro.
No había negociación posible con el enemigo,
el Capitán había sido condenado a muerte por un tribunal.
Únicamente faltaba la directiva final de la conducción.

Llegó a la mañana.
Como dije antes, yo estaba a cargo de la operación
entonces tenía que ejecutar la orden personalmente.
Primero cantamos el Himno y la Marcha.
Como último deseo el detenido pidió verse la cara en el
                                        [espejo.
Un solo tiro en la nuca y estaba muerto.
Pero al darlo vuelta me di cuenta que no era el Capitán de
                                        [Navío
sino uno de estos jóvenes narradores actuales con uniforme
                                        [de la Marina.
Lo reconocí porque todavía tenía la misma sonrisa fija
que aparece en la solapa de una de sus más recientes
                                        [nouvelles.
Aterrado, miré a los compañeros buscando una explicación.
En vez de un oficial
de las fuerzas armadas habíamos matado a un joven narrador.
Ellos también enseguida se dieron cuenta del error
pero igual festejaban con los fusiles en alto,
por Julio Troxler, gritaban presente
por Paco Urondo presente
por Felipe Vallese presente
por la 7 de Mayo Gamboa,
basta, éste es un amanecer patético en Concordia, Entre
                                        [Ríos, 1991.
....

Ya perdieron. No sabés nada de las cosas.
Los heavies pararon el coche en la plaza
y escuchan Maiden por la radio del Citroen.
Uno de los pibes, el que parece una araña,
tiene una cruz invertida, blanca
pintada en la espalda de su campera.
Un amigo diría que es un amanecer sórdido. Pero es un
                                        [amanecer.
Falta poco para que termine el siglo.
En la parada de la plaza unos tipos con bolsitos
esperando el colectivo

discuten, Molina, dice uno
Molina no te hagás el pelotudo
que esta vez te toca pagar a vos.

(de *Punctum*)

Índice